KB105758

닫혀 있던 몸과 마음이 열리는 바디 솔루션

관계
디자인

※ 이 책에 등장하는 이름은 실명이 아니며 내담자 보호를 위해 실제 사례를 기반으로 각색했음을 알려드립니다.

관계 디자인

초판 1쇄 발행 2021년 7월 15일

지 은 이 박소영
펴 낸 이 김동하

편   집 양현경
마 케 팅 이인애 · 김현지 · 서상혁

펴 낸 곳 부커
출판신고 2015년 1월 14일 제2016-000120호
주   소 (03955) 서울시 마포구 방울내로7길 8 반석빌딩 5층
문   의 (070) 7853-8600
팩   스 (02) 6020-8601
이 메 일 books-garden1@naver.com
포 스 트 post.naver.com/books-garden1

ISBN 979-11-6416-091-4 (03190)

닫혀 있던 몸과 마음이 열리는 바디 솔루션

관계
디자인

박소영 지음

BOOK∧ER

인간이 맺을 수 있는 가장 친밀한 관계

"너는 나를 사랑하지 않는구나"

1966년 윌리엄 마스터와 버지니아 존슨(William Masters and Virginia Johnson)은 《인간의 성 반응》이라는 책에서 인간의 성적 반응을 흥분기-고조기-오르가슴기-해소기의 네 단계로 구분했다. 이후 1974년 헬렌 카플란(Helen Kaplan)은 성적 반응을 욕구기-흥분기-절정기로 나누었다.

하지만 상담과 강의를 통해 실제 사례를 접하다 보면 성적 반응의 첫 단계는 '일상'이라는 점을 깨닫게 된다. 섹스는 평범한 생활 속에서 시작된다는 뜻이다. 직장에서 스트레스를 받는 남편, 혼자 육아를 책임지느라 피로에 찌든 아내, 여기에 고부 갈등이라도 한 숟가락 더해지면 이 부부는 백이면 백 섹스리스에 접어든다. 어느 부부는 잠들기 전 항상 같은 대화를 한다. 남성이 "오늘 하자"고 하면 여성이 "싫어. 다음에"라며 말을 끊는다. 이유도 모르고 거절당한 남성은 섹스가 아니라 자신이 거부당했다는 마음에 상대가 나를 사랑하지 않는다고 생각하고 여성이 작은 잔소리라도 하면 "너한테 나는 돈 벌어오는 기계일 뿐이지?"라고 쏘아붙였다.

반대로 섹스가 일상에 영향을 주기도 한다. "도대체가 육아는 다 내 몫이야. 아이는 나 혼자 낳았냐고!"라며 서로 잡아먹을 듯 싸우다가도 열정적인 관계 후에는 "자기야, 오늘 밤 당신 최고였어"라며 언제 서운했냐는 듯 다시 잉꼬 부부로 돌아가기도 한다.

몸의 문제와 마음의 문제

의식이 몸을 만든다. 우리는 성에 대한 어떤 의식을 가지고 있을까? 몸은 '오늘 밤은 상대와 하나가 되고 싶다'고 이야기하는데 의식은 '그런 이야기를 하면 밝히는 여자가 되는 거야. 남자가 먼저 이야기할 때까지 기다려'라고 말한다. 하지만 상대는 다가오지 않는다면? 마음속으로 오늘 하고 싶다고 수십 번을 말하다가

다가오지 않는 상대를 향해 화를 내기 시작한다. 하루이틀 지나고 어느덧 한 달이 되어간다. '이제 나를 여자로 보지도 않는 걸까?' 혼자만의 고민이 시작된다. "오늘 너랑 하고 싶어"라는 한 마디면 되는데, 이 한 마디가 많은 부부의 섹스리스 시발점이 되기도 한다. 말하지 않으면 아무리 부부라도 서로의 마음을 모르는 법 아닌가.

우리는 배고프면 밥을 먹고 졸리면 잠을 잔다. 인간의 3대 욕구라는 식욕, 수면욕, 성욕 중에서 식욕과 수면욕을 해결하는 방법은 잘 알고 있다. 어떤 이는 식욕이 없는 편이라서 밥을 하루 두 끼만 먹는다. 또 다른 이는 하루에 8시간은 자야 개운하다고 한다. 그런데 성욕은 어떠한가? 나는 성욕을 얼마나 가지고 있는지, 그리고 그것을 어떻게 풀어내야 하는지 알고 있는가? 식욕과 수면욕은 혼자서도 해결할 수 있다. 하지만 성욕은 다르다. 자위를 제외한다면 두 사람의 상호작용에 큰 영향을 받는다.

그런데도 우리는 성에 대해 너무나 무지하다. 어릴 적 처음 우리말을 배울 때를 생각해보자. "여기는 눈, 코, 입이야. 이건 손, 발이라고 해." 이때 아이가 생식기를 가리키며 "엄마 여기는 어디야?"라고 물으면 "응, 거기는 음순이라고 해"라거나 "음경이라고 해"라고 알려주는 경우는 거의 없다. 당황하는 부모를 바라보며 아이는 배운다. '여기는 물어보면 안 되는 곳이구나.' 더 자란 후에도 마찬가지다. 수업 시간에 머리를 만지작거리면 아무 일이 일어나지 않지만 바지 속에 손을 집어넣고 꼼지락거리면 선생님과 개인 면담을 하게 된다. 심지어 부모 상담까지 받을 것이다. "아이가 많이 불안하고… 특히 성적으로 문제가 생긴 것 같아요."

오랜 시간 우리는 몸에 대해 그렇게 배웠다. 이제 우리의 의식을 바로잡아보자. 관계를 새롭게 디자인하고 우리 사이를 즐겁게 만들어보는 것이다. 내 몸은 어떻게 생겼고, 어디를 어떻게 만지면 좋은지, 그리고 몸의 각 부분은 서로 어떻게 영향을 미치고 있는지 느껴보자. 몸의 감각을 깨우고 몸의 이야기에 귀 기울여보자. 내 몸이 관계에서 아픔을 느끼고 있는데도 그 아픔이 어떻게 일어나는지 전혀 모른다면, 혼자 할 때는 발기가 되는데 상대와의 스킨십에서는 안 된다면, 그 이유를 찾아야 한다. 몸은 이미 나에게 신호를 보냈다. 그 신호를 들을 수 있도록 나와 너를 깨워보자. 사랑하고 있으면서도 몸으로 표현하지 못하는 많은 연인에게 이 책이 변화의 계기가 되기를 바란다.

2021년 6월
박소영

차례

1장

죽기 전에 한 번만 느낄 수 있다면

'시간'과 '크기'에 자존심을 걸지 마세요

데이터로 보는 섹스

타인의 사생활

시대와 국가를 떠나 인류에게 가장 뜨거운 관심사를 꼽으라면 단연 '섹스'다. 구글에 섹스라는 말을 검색하면 약 6,800만 개의 검색 결과가 나온다. 누가 누구랑 사귄다느니, 어젯밤 둘이 같이 있는 모습을 보았다느니 하는 이야기는 정말 빠르게 퍼져나간다. 그런데 이야기의 하이라이트인 섹스는 막상 아무도 입에 올리지 않는다. 타인의 성생활을 언급하는 것이 무례하게 여겨지기 때문이기도 하지만 당사자가 아닌 이상 현장을 확인할 방법이 없기 때문이기도 하다.

남들이 어떻게 '하고' 있는지 알 도리가 없으니 관심을 끄면 좋을 텐데 인간의 본성이 그렇지 않다. 다른 사람과 비교하면서 우월감을 느끼고 싶은 욕구는 섹스에도 적용된다. 특히 남성의 경우, 누구 물건이 더 큰지, 누가 더 오래 하는지, 누가 더 만족시키는 남자인지 몰래 고민한다. 문제는 이런 고민이 단순한 궁금증에 그치지 않고 다음과 같은 과정으로 발전한다는 데 있다.

1. 숨어서 검색한다. 예를 들어 한국 남자 평균 사이즈.
2. 신빙성 없는 자료만 나오지만 댓글까지 열심히 읽는다.
3. 내가 평균 이하인가 싶어서 갑자기 시무룩해진다.

남성들이 시무룩한 기분을 느끼는 이유는 '내 것으로 상대를 만족시키지 못하면 어쩌지'라는 불안감 때문이다. 남성은 여성을 리드해야 하고, 만족시켜야 한다는 무언의 압력을 받고 있다. 그래서 자신의 음경 크기와 강직도, 섹스 스킬을 두고 고민한다. (여성의 경우 몸매, 질의 조임 등을 고민한다.)

이런 생각에 한 번 빠지면 섹스할 때마다 두 사람의 행위에 집중하는 것을 방해받는다. 제3자의 시선에서 자신의 성관계를 바라보게 되는 것이다. 미국의 과학자 윌리엄 마스터스(William Masters)와 버지니아 존슨(Virginia Johnson)은 이러한 상태를 '관전

(spectatoring)'이라고 칭하며 '자신의 감각과 상대에게 초점을 맞추지 않고 성행위 중 3인칭 관점에서 바라보는 것'이라고 정의했다. 이런 태도는 섹스에 대한 두려움을 키우고 성관계에 부정적인 영향을 미칠 수 있다. 함께 영화를 찍는 것이 아니라 영화를 관람하는 관람객, 심하면 평론가가 되어버리는 것이다.

크기에 대한 여자의 속마음

다른 사람의 섹스와 나의 섹스를 비교하며 생기는 불안은 포르노의 영향으로 생기는 경우가 많다. 우리가 흔하게 볼 수 있는 '타인의 섹스'이기 때문이다. 그런데 포르노 장면들을 곰곰이 떠올려보라. 화면 속 세상은 온통 남성과 여성의 생식기로 가득하고, 여성의 흥분된 숨소리, 표정, 거친 피스톤 운동과 사정만이 담겨 있다. 그러니 우리는 은연중 잘못된 생각을 배우게 된다. '섹스란 생식기로 피스톤 운동을 하다가 사정하는 것이구나!'

이 세 가지, 즉 생식기와 피스톤 운동, 사정이 제대로 구현되지 않으면 남성은 불안에 휩싸인다. 비아그라나 팔팔정 같은 발기성 흥분제는 이런 심리를 이용해서 매출이 급성장했는데, 광고를 보면 섹스에서 발기된 음경과 삽입이 가장 중요한 것처럼 강조한다.

하지만 초조한 마음은 오히려 발기를 방해하고 자연스러운 흥분을 막으며 사정 타이밍을 놓치게 한다. 남성의 불안이 여성에게 전달되는 경우도 있다. 상담실에서 만난 여성들이 털어놓는 '사이즈'에 대한 진짜 속마음을 들여다보자.

"저는 지금 남자친구와의 섹스가 너무 좋아요. 남자친구는 관계하기 전에 편안하게 대화를 이끄는 스타일이에요. 어디가 좋은지, 어떤 방식을 좋아하는지 자주 묻더라고요. 이런 대화에서 '나를 존중해주는구나' 하는 느낌을 받았어요. 당연히 느끼는 포인트도 금방 찾을 수 있었고요. 하지만 남자친구가 관계 후 '내 것이 너무 작아서 실망스럽지 않아?'라고 물을 때면 뭐라고 대답해야 할지 모르겠어요."

"예전에 만나던 남자는 확실히 컸어요. 그래서 꽉 차는 느낌은 있었죠. 그렇지만 그게 다였는걸요. 본인 혼자 피스톤 운동 열심히 하더니 내려가는데…. 저는 별 재미도 없었고 나중에는 대충 빨리 끝나기를 바랐어요."

이처럼 여성들은 파트너의 사이즈보다는 태도, 분위기, 애무를 훨씬 중요하게 여긴다. 상대 남성이 전부 평균은 되었기 때문에 이렇게 답한 것이 아닌지 의심한다면, 전혀 그렇지 않다. 발기시 크기가 최대 8센티미터인 남성이 있었다. 그는 첫 경험 때 여자친구가 한 말을 잊지 못한다. "아유, 아기처럼 귀엽네!"

그는 마음에 상처를 입었지만 대신 섹스를 공부하기 시작했다. '여성은 질 내부의 흥분보다 음핵을 통한 흥분을 더 잘 느끼는구나.' '여성은 대화에서도 흥분을 느끼는구나.' 본인이 진짜 원하는 것은 '큰 물건'이 아니라 여자친구의 성적 만족이라는 점을 깨달은 그는 타고난 크기를 탓하기보다는 여성을 즐겁게 해줄 방법을 찾기로 했다.

공부할수록 그는 신체적 흥분만큼이나 정신적 흥분도 중요하다는 점을 알았다. 또한 남녀가 서로 '난 여기가 좋아' '이렇게 해줘'라고 말하기 위해서는 친밀감이 필요하다는 생각을 했다. 그래서 그는 섹스 스킬이 아니라 여성의 마음을 여는 방법에 관심을 두었다. 그는 사랑하는 여자친구와 결혼해서 25년째 잘살고 있다. 그는 아내와 여전히 뜨겁다.

크기만큼이나 모양에 대한 고민도 많다. 상담 중 "제 것은 휘었어요" "이상하게 생겼는데 어떻게 하죠?"라는 경우가 흔하다. 이때 "그래서 어떤 어려움이 있으신가요?"라고 되물으면 "상대를 만족시키지 못할 것 같아요"라고 답한다. 그런데 막상 "제 남자친구의 '그것'이 휘고 못 생겨서 고민이에요"라고 찾아오는 여성은 없다. 여성이 남성의 크기와 모양 때문에 고민하는 경우는 보통 다음과 같다.

"안녕하세요. 제가 이런 일로 상담하게 될 줄은 몰랐어요. 결혼을 생각하고 있는 남자친구가 있는데 섹스할 때마다 너무 아픕니다. 제가 예전에 만나던 남자와는 이런 문제가 없었어요. 그렇다고 지금 남자친구가 애무를 하지 않는 것도 아니에요. 충분히 흥분되었는데도 삽입하려고 하면 찢어지는 고통이 느껴져요. 정말 좋은 사람이라 이것 때문에 헤어지고 싶지 않은데, 어떻게 해야 할까요?"

섹스는 분명 중요한 삶의 일부다. 그러니 "그깟 문제로 고민하지 마세요"라고 말해서는 안 된다. 하지만 오로지 '그것' 때문에 헤어지고 싶지 않다면 남자친구와 섹스 관계를 점검하길 바란다. 애무도 잘하고 충분히 흥분했다고 하더라도 나에게 맞는 애무 방법을 사용하고 있는지, 삽입 시 천천히 하고 있는지, 피스톤 운동이 너무 거칠지는 않은지 확인해야 한다.

원래 주제로 돌아와서, 대부분의 여성은 상대 남성의 크기와 모양으로 불만을 가지지 않으니 제발 걱정을 멈추기를 바란다. 발기한 음경을 휴지심에 끼워서 꽉 차면 보통보다 크고, 남으면 작은 편이라고 하는 이야기도 있는데 애초에 휴지심은 한 가지 규격만 있는 것이 아니므로 정확한 비교는 불가능하다.

음경 크기는 사람마다 달라서 미발기 시에는 4~10센티미터, 발기 시에는 8~14센티미터 정도 된다. 그러나 날씨가 춥거나 냉탕처럼 차가운 곳에 들어가 있을 때, 몸이 피곤하고 아플 때, 성관계가 끝난 다음에는 그 길이가 3센티미터 정도 줄어들 수 있다. (홍성욱《Good sex Good life》) 사람의 몸, 특히 생식기는 기계가 아니기 때문에 일정한 크기로 멈춰 있지 않으며 수시로 변한다.

그렇다면 여성 입장에서 보자. 여성이 만족을 얻기 위해서는 음경이 얼마나 커야 할까? 일반적인 통계에 따르면 여성의 70~80퍼센트는 오르가슴에 도달하기 위해 직접적인 음핵 자극을 필요로 한다. 한편 질 신경선의 90퍼센트는 질 깊숙한 곳이 아닌 질 입구 근처에 분포해 있다. 결국 질 자극보다는 음핵 자극이 훨씬 중요하며, 질을 애무할 때는 입구가 핵심인 것이다. 여성의 오르가슴을 포함한 강렬한 성적 만족감은 음핵과 외음부 2~3센티미터 깊이의 지점에서 온다.

삽입과 크기에 대한 남성의 불안은 어디에서 유래했을까? 지그문트 프로이트(Sigmund Freud)는 "질 오르가슴이 성숙한 여성의 반응이다"고 했으며 이러한 주장은 지금까지도 많은 남성에게 영향을 끼치고 있다. 하지만 인간의 성을 연구해 세계적 충격을 가져다준 〈킨제이 보고서〉로 유명한 알프레드 킨제이(Alfed kinsey)는 여성 자위 행위를 관찰하고 수천 명의 여성과 인터뷰한 결과, 많은 여성이 음핵 자극으로 오르가슴을 경험하는 것을 발견했다. 또한 호주의 헬렌 오코넬(Helen O'connell)의 최근 연구도 살펴볼 만하다. 그는 자기공명영상(MRI)을 통해 음핵과 질 사이의 해부학적 관계를 밝혔는데, 질벽은 사실 음핵의 한 부분이라는 결론이다. (Helen o'connell, Kalavampara sanjeevan, and John hutson, 〈anatomy of the clitoris〉)

자, 다시 확실하게 정리해보자. 많은 여성이 음핵과 질 입구에서 오르가슴을 느낀다. 그러니 여성의 오르가슴을 위해서는 발기된 음경으로 질 내부 2~3센티미터 지점까지만 자극할 수 있으면 충분하다. 음경이 아무리 크더라도 제대로 사용할 줄 모르면 여성은 좋은 느낌을 받지 못한다. 크기에 신경 쓸 시간에 상대방의 성감대가 어디인지, 어떻게 자극하면 좋을지를 배우는 것이 훨씬 효과적이다.

'대부분의 여성은 상대 남성의 크기와 모양으로 불만을 가지지 않는다'고 했다. 그렇다면 남성은 상대 여성의 몸을 어떻게 생각할까? 많은 여성이 자신의 생식기와 가슴을 두고 고민한다. "음순과 유두가 핑크빛이어야 하는데 검은색이에요." "저는 음순이 늘어졌고 비대칭이에요." "가슴이 처졌어요." 보통 이런 식의 고민이다. 하지만 남성은 이미 자기 마음에 들어온 여성과 성관계를 시작하는 순간 벗은 모습을 보고 실망하는 경우가 거의 없다. (가슴 수술을 한 여성을 보고 실망하는 남성은 있다. 인위적인 모습이 자기를 속이는 것 같다고 말했다.)

오히려 관계에서 남성이 당황하거나 힘들어하는 문제 1위는 여성의 냄새다. "여자친구와 함께 모텔에 갔어요. 너무 아름다운 외모를 가지고 있어서 제가 한눈에 반했죠. 서로 샤워하고 여자친구를 애무하려는 순간 꼬릿꼬릿한 냄새가 제 코에 들어오기 시작했어요. 인터넷에서 듣던 대로 오징어 냄새 같았어요. 저는 꼬무룩 하고 말았고, 여자친구에게 오늘은 컨디션이 너무 안 좋다고 둘러대며 모텔을 나왔어요. 이후로 그녀와의 연락을 계속 이어갈 수 없었죠."

21세기에 청결 문제로 냄새가 나는 경우는 거의 없다. 질은 우리 몸에 있는 '열린 기관' 중 하나다. 평소 질 분비물은 ph3.5~4.5의 강산성인데 높은 산성도는 질 내의 다른 유해 세균이 성장하는 것을 억제하고 세균이 침입하지 못하도록 막는다. 질 표면은 항상 적절하게 분비물을 분비함으로써 촉촉한 점막 상태로 면역을 유지하고, 오래된 세포는 제거하며, 스스로 질 내를 건강한 상태로 지키고 있다. 하지만 너무 잦은 세척으로 인해서 질을 지키는 균이 모두 부족해지는 경우가 많다. 강한 세제를 이용해 씻고 있다면 물이나 약산성 청결제로 가볍게 하도록 하자. (음부를 말하는 것이다. 질 내부 세척은 필요하지 않다.) 냄새, 가려움, 냉 같은 것이 있고 이미 질염이 생긴 상태라면 병원 진료를 받아야 한다. 스트레스, 피로, 먹거리도 질 건강에 영향을 미친다. 일상의 생활을 점검해 근본 원인을 찾는 것이 중요하다. 나를 소중하게 아끼는 것! 사랑받는 여자의 기본이다.

크기만큼이나 중요하게 여겨지는 것으로 '정력'이 있다. 그런데 정력이 뭐냐고 물으면 의외로 똑 부러지게 답하기가 쉽지 않다. 정력이란 본래 심신의 활동을 뜻하는 말이지만 보통은 성적인 의미로 사용된다. 영어에서 비슷한 단어를 찾자면 'aphrodisiac'이 될 것이다. 정력에 관해 딱히 정해진 기준은 없지만 대충 떠오르는 생각을 나열해볼 수는 있다. (위키백과 및 온라인 논의 참고)

- 발기가 아무 때나 된다.
- 발기가 오랫동안 지속된다.
- 하룻밤에 여러 번 사정 가능하다.
- 정액의 양이 많다.
- 정액이 강하게 멀리 발사된다.
- 체력이 좋아 섹스 중 지치지 않는다.
- 파트너를 확실히 만족시킨다.

이처럼 정력은 남성의 성적 능력을 포괄적으로 나타내는 단어로 흔히 사용된다. 그럼 이런 정력에 대해 여성은 어떻게 생각할까? 첫째, 발기가 오래 지속되는 것을 중요하게 여길까? '3분 카레'라는 농담이 있다. 삽입 후 3분만에 사정을 한다는 뜻이다. 그런데 대다수 남성은 자위할 때 3~5분 정도 피스톤 운동을 하고 사정한다. 굳이 아주 오랫동안 내 몸을 느끼고 음미하며 맛볼 필요는 없기 때문이다. 그러니 이때는 조루라는 개념이 존재하지 않는다.

문제는 파트너와의 관계에서다. 오해와 달리 조루는 여성에게도 발생하는데, 사정 후 발기가 죽는 남성과는 다르게 신체적인 특징이 미비해서 잘 알려지지 않았다. 미국 국립보건원(NIH, National Institutes of Health)은 발기부전을 '남녀 모두에게 만족스러운 성생활을 누리기에 충분한 발기를 얻지 못하거나 유지할 수 없는 상태'라고 규정하고 있다. 다시 말해서 조루는 객관적인 기준이 아니라 주관적인 기준에 따라 결정된다. 3분이든 30분이든 두 사람이 즐겁다면 문제가 없는 것이다.

하지만 상대가 흥분하기도 전, 혹은 아예 삽입하기 전, 삽입하는 순간 바로, 아니면 삽입하고 1분 이내에 사정할 경우 남성은 크게 고심할 수밖에 없다. 국제 성의학 협회(ISSM) PE(Premature Ejaculation)의 기준을 따르면 남성 성기능 장애는 다음과 같이 정의된다.

1. 질 삽입 전, 또는 삽입 후 1분 이내에 사정하는 것

2. 질 삽입 후 사정을 지연할 수 없는 것

3. 파트너와 함께하는 성관계의 즐거움을 회피하는 것

여기서 3번은 쉽게 말해 '빨리 싸고 끝내자'거나 '귀찮다'라고 느끼는 등의 상황을 말한다. 빠른 사정으로 상담을 신청했던 20대 남성이 있었다. 그는 여성의 질속에 삽입하기도 전에 사정해버린다고 고민을 털어놓았다. 그래서 여자친구가 섹스를 원한다는 신호만 보여도 심리적 부담과 불안감을 느끼고 있으며, 이를 감추기 위해 피곤하다고, 다음에 하자고 말하고는 회피하는 중이라고 했다.

남편과 아내의 동상이몽

이와는 반대로 한 번 했다 하면 네 시간이 기본인 남성이 있었다. 그는 섹스에 매우 진지했는데, 유료 강의를 찾아보며 손기술을 따로 배울 정도였다. 그가 네 시간을 버티는 자신의 능력을 매우 자랑스럽게 여긴 것은 물론이다. 그는 매주 보내는 아내와의 시간을 무척 기대했다. 충분히 즐기고 싶어서 아이들을 피해

모텔을 찾았는데 대실을 5시간씩 할 수 있는 곳이 어디인지 외우고 다닐 정도였다.

이렇게 좋아하는데, 그가 일주일에 한 번 이상 하지 못하는 이유는 아내의 거부 때문이었다. 결혼 4년 차인 아내는 신혼 때부터 남편과의 섹스가 아프고 힘들기만 했다. 남편이 일상생활 중 야한 이야기를 꺼내기라도 하면 괜히 긴장했다. 그래서 점점 멀리했는데 어느 날 남편이 서프라이즈 선물을 준비했다며 고백했다. "여보, 나 확대수술 받았어! 어때, 좋지?"

남편은 아내가 자신을 거부하는 이유가 '만족하지 못해서'라고 생각했고, 만족하지 못하는 이유는 '크기가 작기 때문'이라고 혼자 판단했다. 그는 남성들이 모이는 인터넷 카페에 들어가서 수술에 대한 정보를 얻었고 후기를 읽은 후 바로 결정했다고 한다. 후기에는 이렇게 적혀 있었다. '아내가 너무 좋아해요!'

남편의 수술을 뒤늦게 안 아내는 그야말로 뜨악했지만 싫은 내색은 하지 못했다. 남편은 친구도, 취미도 없이 집과 회사만 오가는 사람이었고 스트레스는 오로지 자신과의 관계로 풀었기 때문이다. 게다가 이 무렵 남편의 사업이 위태로워지며 의기소침한 모습을 보였기에 더욱 싫다는 신호를 보내지 못했다. 섹스하고 나면 질이 쓰리고 허벅지에 근육통이 생겼지만 혼자 끙끙 참았다.

아내는 책과 음악을 사랑하는 조용한 평화주의자였다. 특히 발라드를 즐겨 들었는데 저녁 무렵 오디오를 틀어놓으면 남편이 다가와서 "난 이 가수 지루하더라"고 말하고는 댄스곡으로 바꿔버렸다. 그래서 자리를 피해 책을 펼치면 또 곁에 와 달라붙으며 "같이 뉴스 보자"고 TV 소리를 키웠다. 상황이 이러니 아내에게 섹스는 생각도 나지 않았다. 그녀는 참다못해 남편 손을 붙잡고 부부상담을 신청했다.

오직 두 사람을 위한 섹스

섹스는 결국 두 사람을 위한 시간이다. 두 사람이 만족한다면 아무 문제가 없다. 그런데 우리는 얼마나 만족하고 있을까? 강동우 성의학 연구소와 EBS가 공동 조사한 결과에 따르면 '만족한다' 41퍼센트, '보통이다' 36.1퍼센트, '불만족한다' 23.8퍼센트로 나타났다. 또한 결혼한 응답자 중 38퍼센트는 섹스리스로 밝혀졌는데 결혼생활이 길어질수록 그 비율은 54.9퍼센트(결혼 31년 이상)까지 치솟았다.

하지만 전체 응답자의 93.9퍼센트가 '성생활은 내 삶에서 중요하다'고 답했으며 60대 이상 응답자의 경우 95.5%로 그 비

중이 늘었다. 섹스의 중요성을 알고 원하지만 실행하지 못하고 있거나 충분히 만족하지 못하고 있는 것이다. '성생활에 만족하지 못하는 이유'로는 피로, 상대의 배려 부족, 다양성 부족, 스트레스, 두 사람의 근본 갈등이 꼽혔다. 40대의 경우 42.8퍼센트가 '성관계를 하지 않으면 상대에게 비난을 받을까봐 부담된다'고 답했으며 다른 연령대도 26.3~36.1퍼센트가 그렇다고 답했다.

가장 흥미로운 지점은 '부부 또는 연인 관계 만족도'다. 만족도를 유지하기 위한 요소(게리체프만 '사랑의 5가지 언어'에 기초)로 헌신, 상대에 대한 칭찬, 선물, 상대와 보내는 시간, 스킨십과 성 각 항목을 10점 만점으로 평가했다. 한국 부부의 평균 점수는 6점대지만 섹스리스 부부는 평균 5점대에 그쳤다. 섹스가 순간의 쾌락에만 영향을 주는 것이 아니며, 스킨십을 사랑의 언어로 가지고 있는 커플은 심리적으로 관계 만족도가 향상됨을 확인해주는 것이다. 한편 앞으로 몇 살까지 성관계를 하고 싶은지 물었더니 남성의 31.3퍼센트는 81세 이상이라고 답했지만, 여성은 46.6퍼센트가 60세 미만을 꼽았다.

오늘 당장 내 파트너에게 물어보라. 당신은 얼마나 우리 사이에 만족하고 있냐고. 그리고 몇 살까지 함께하고 싶냐고. 이 두 가지 질문에 대한 두 사람의 대답이 일치할 때 관계는 더욱 오래 유지될 것이다. 만약 일치하지 않는다고 해서 화내거나 슬퍼하지는 말자. 오늘부터 다시 만족도를 높이는 방법을 함께 배우면 되니까.

20대 때보다 지금이 더 즐거운 이유

— 신체 변화

나이를 먹으니 시들해졌다

하루는 50대 후반의 부부가 찾아왔다. 아내는 "제가 직접 만져줘도 발기가 잘되지 않을 때가 있어요. 예전에는 제가 자는 모습만 봐도 흥분하더니 이제는 마음이 식었나봐요"라고 했다. 남편도 고민하는 것은 마찬가지였다. "사정했는데도 예전처럼 강렬한 느낌이 없어서 했는지 안 했는지 싶네요. 이제는 그만할 때가 된 걸까요? 나이 먹은 증거 같아서 우울합니다."

남성이든 여성이든 성욕 혹은 정력은 나이에 따라 달라진다. 하지만 우리는 이 사실을 받아들이기 힘들어한다. 나이가 들어 눈이 침침해지면 안경을 쓰면서, 발기가 잘되지 않으면 "나는 끝이야!"라고 확대해석하며 좌절한다.

건강한 성생활을 위해서는 먼저 우리 몸의 변화를 알아야 한다. 남성은 13~16세에 정액을 생산할 수 있는 나이가 되면서 몽정을 시작한다. 20대 초반까지는 성 기능이 발달하지만 그 이후부터는 서서히 감퇴한다. 그리고 대략 30세가 되면 남성 호르몬인 테스토스테론의 분비량이 현저하게 줄어들고 성적 자극에 대한 신체적인 반응이 느려짐과 동시에 사정 후 재발기까지 걸리는 준비 시간도 길어지게 된다.

여성은 13~16세부터 초경을 시작한다. 하지만 남성과 달리 성욕이 불끈하거나 남자만 보면 하고 싶은 마음이 드는 것은 아니다. (물론 그런 여성도 있으며 정상이다.) 첫경험 전까지 자위를 해보지 않는 여성도 의외로 많다. 그러다가 40대 중반에서 50대 초반이 되면 완경(월경이 완성되었다는 뜻으로, 폐경이 주는 부정적 어감을 대체하기 위해 사용하는 말)이 된다. 완경이 늦어질수록 좋다고 생각하는데, 완경기가 되었는데도 계속 예전처럼 월경을 하거나 심지어 양이 많아진다면 그 또한 병증이다. 완경기 이후 여성은 여성호르몬인 에스트로겐 분비가 줄어들면서 질 건조감, 성교통, 반복적인 질염 증상을 겪는다.

1장 죽기 전에 한 번만 느낄 수 있다면

하룻밤에도 두세 번 거뜬했던 20대와 체력 회복에 일주일이 걸리는 60대의 성생활은 당연히 다를 수밖에 없다. 40대가 넘으면 오르가슴을 느끼기 위해 더 많은 자극이 필요하고, 예전보다 짧은 오르가슴을 경험하기도 한다. 남성의 경우 사정 시 느낌이 줄어들고 사정하는 양도 현저히 줄어든다.

우리 머릿속에서 모든 성기능의 정상 범위는 20대를 중심으로 정해져 있다. "내가 한창 때는 말이야 하루에 몇 번도 가능했는데 말이야!" 하지만 지난날에 대한 그리움은 지금의 상황을 개선하는 데 전혀 도움되지 않는다. 수능을 향해 달리던 10대도 20대가 되면 다른 목표를 향해 나아가듯이 달라진 신체적, 관계적, 사회적 상황에 맞게 성생활의 목표도 바뀌어야 한다.

한 가지 기능이 위축되면 다른 기능이 발현되는 것이 우리의 몸의 신비고 살아가는 지혜다. 우리는 섹스를 신체 스킨십의 한 부분으로만 여기지만, 섹스는 몸과 마음으로 하는 의사소통이며 애정을 교류하는 과정이다. 손을 잡는 것도, 껴안는 것도. 서로 눈을 마주치는 것도 스킨십의 한 부분이고 섹스의 또 다른 표현 방법이다.

발기가 되지 않아서, 혹은 질 건조로 성교통이 심해져서 이제는 섹스를 그만두어야 한다고 생각하는 중년과 노년을 위해 말하고 싶다. 음경과 질이 예전과 다른 상태가 되었다면 이제는 또 다른 형태의 섹스를 시작해보자. 내 성기능의 저하에만 초점을 맞추지 말고 두 사람이 나눌 몸의 대화에 새로운 방식을 세팅해야 된다.

신체 나이를 극복하는 BC근 단련법

나이를 먹는다는 것은 섹스에 방해되기만 할까? 아니다. 일단 자녀가 성장하고 독립하면 둘만의 장소를 가지게 되며 편안하게 즐길 수 있는 시간이 늘어난다. 또한 자녀 계획을 마친 부부라면 임신에 대한 부담을 벗을 수 있다. 급한 섹스, 사정을 하기 위한 섹스가 아니라 천천히 부드럽게 즐기는 섹스, 교감하기 위한 섹스를 즐기게 되는 것이다.

오르가슴은 단순히 육체 반응만으로 일어나지 않는다. 하고 싶은 마음, 즉 성욕이 생겨야 한다. 식욕, 수면욕, 그리고 성욕을 인간의 3대 기본 욕구라고 부른다. 그런데 일부러 맛있는 음식을 찾아다니는 미식가가 있는가 하면 누구는 배만 대충 채우면 된다고 여긴다. 성욕도 마찬가지다. 섹스에 그다지 흥미가 없는 사람은 아무리 섹시한 상대가 곁에 있어도 별 관심이 없다. 아내가 야한 속옷에 그윽한 향수를 뿌리고 다가와도 '이 여자 뭐 하는 거지?'라고 느낄 수 있다.

이럴 때 발기가 되지 않았다고 해서 정력이 약하다고 할 수는 없다. 일단 하고 싶은 마음이 들어야 하는데, 마음이 들지 않았으므로 발기되지 않은 것일 뿐이다. (여성들에게 꼭 당부하고 싶은 말이 있다. 남자라고 해서 항상 섹스에 목마른 것은 아니다. 그가 발기하지 않았다고 해서 사랑이 식었다고 생각할 필요도 없다.)

그래도 몸의 변화가 여전히 아쉽다면 몇 가지 방법으로 극복할 수 있다. 남성과 여성의 성기능에 중요한 역할을 하는 근육으로는 BC근육, PC근육, IC근육 등이 있는데 우리가 해부학을 배우려는 것은 아니므로 간단히 설명해보겠다. 이 세 근육은 회음부 주변에 위치했으며, 소변을 볼 때 잠시 참아보는 방법으로 근육의 위치를 찾을 수 있다. 이곳을 운동하는 방법을 케겔운동이라고 부르며 산부인과 의사였던 아놀드 케겔(Arnold Kegel) 박사가 고안했다고 한다.

산부인과 박사가 만들었지만 이는 남녀 모두에게 좋다. 영국 웨스트잉글랜드 대학교 연구팀은 발기부전 환자들에게 이 운동을 시행한 결과 발기부전 치료제를 사용한 것과 비슷한 효과가 나타난다고 발표했다. 연구팀은 6개월 이상 발기부전을 겪고 있는 남자 55명(평균 연령 59세)을 모아 매주 5회씩 케겔운동을 하도록 했다. 그리고 3개월, 6개월 후 발기 기능을 평가했다. 그 결과 40퍼센트가 정상적인 발기기능을 회복했고, 35퍼센트가 발기기능이 개선되었다. (이 운동을 하면 정액을 분출하는 압력도 높아져 사정 강도가 향상된다.)

케겔운동을 하는 방법은 이렇다. 먼저 정확한 근육을 찾는다. 소변을 보다가 멈출 때 사용하는 근육이 바로 해당 부위다.

1. 처음에는 1초 수축, 1초 이완의 패턴으로 100회 반복한다.
2. 다음에는 5초 수축, 5초 정지, 5초 이완의 패턴으로 20회 반복한다.

이 두 가지 동작을 하루 각 3번씩 반복한다. 이때 주의사항이 있다. 몰아서 하기보다는 매일 자주 해야 효과가 있다. 또한 소변을 보는 중에는 하지 않는다. 무리한 운동으로 통증이 발생하면 중단하고 횟수를 줄인다. 만약 전립선염이 있다면 이 운동을 피한다. (이 운동은 방광을 자극한다.) 마지막으로 다른 운동과 마찬가지로 호흡 역시 중요한 요소다. 수축할 때 천천히 숨을 들이쉬고 이완할 때 내쉰다.

"우리가 사회생활을 할 때 어느 정도의 통제는 필요하다. 하지만 너무 심하면 로봇 같은 사람이 된다. 통제는 언제나 바람직한 것이다. 통제는 자신의 기분이 삶에 영향을 끼치지 않게 만든다. 통제는 즐거운 삶이 목표가 되는 것을 허락하지 않는다. 통제는 기분을 표현하지 않게 한다. 통제는 중립적이다. 통제는 다른 사람들의 기분을 인지하지 못하고 또 반응하지 않는 것이다. 왜냐하면 자신의 기분도 알지 못하기 때문이다. 통제는 언제나 감정의 수면 위에 존재한다."

루이스 슐츠(Louis Schultz)의 《진실 속으로(Out in the Open)》에 나오는 문장이다. 그렇다. 마음이 굳어 있으면 몸도 딱딱하게 굳는다. 정신과 전문의 윌리엄 글라서(William Glasser)는 사람의 행동이 단순한 행위가 아니라고 말했다. 그는 하나의 행동에 생각, 신체 반응, 감정이 동시에 나타난다고 설명했다. 생각이 억압되어 있으면 감정과 신체 반응도 무감각해진다.

반대로, 몸을 유연하게 풀면 마음도 함께 가벼워진다. 이는 성감의 발달에도 매우 유용하다. 성과학자 빌헬름 라이히(Wilhelm Reich)의 연구 결과 전신을 통한 오르가슴의 표현은 골반을 흔드는 동작과 밀접한 관련이 있으며, 호흡법으로 오르가슴을 극대화할 수 있다고 한다. 탄트라 섹스 마스터로 유명한 프랑스 전문가 마르고 아난드(Margot Anand) 또한 《섹슈얼 엑스터시》에서 골반이 성적 에너지를 만드는 육체 발전소라고 했다.

전신 오르가슴을 만드는 골반 스트레칭

슬프게도 동양 문화권에 널리 퍼진 바닥에 앉아 있는 자세는 골반저 부분의 감각을 더욱더 무뎌지게 한다. 목이 아프면 목을 돌려서 풀 듯이 골반이 굳어 있다면 골반 흔들기를 통해 풀어야 한다. 실제로 섹스 중 골반이 굳어서 제대로 움직이지 못하는 경우가 많은데, 골반 주변 근육을 움직이면 근육이 유연해질 뿐만 아니라 성감까지 깨워준다. 우선 골반 스트레칭을 시작하겠다.

• 내전근 스트레칭
1. 바닥에 엎드려 다리를 무릎보다 넓은 간격으로 벌린다.
2. 이 상태에서 좌우로 엉덩이를 움직여준다.
3. 역시 이 상태에서 엉덩이를 천천히 뒤로 뺀다.

4. 다음 동작으로 다리 찢기를 한다. 무리하지 말고 양쪽 발바닥을 붙인다면 다리로 다이아몬드 모양을 만드는 자세부터 시작한다.

5. 이 상태에서 허리를 천천히 숙여본다.

자, 이렇게 스트레칭했다면 이제 본격적인 골반 풀기 동작으로 들어가자. 개구리 자세로 앉아서 손을 모아 발꿈치로 무릎을 밀어낸다. 이 동작을 통해 골반 안쪽 부분을 풀어준다.

• 기본 자세

1. 어깨너비만큼 일자로 다리를 벌린다.

2. 머리 끝부터 엉덩이 끝까지 일자로 만든다.

3. 코로 숨을 들이마시고 내쉬면서 숨이 복부 아래까지 내려간다.

4. 들이마신 호흡을 끝까지 내뱉는다.

이제 상체에 힘을 빼고 골반을 움직여보자. 몸 전체를 움직이는 것이 아니라 골반 부위를 움직여야 한다. 허리가 많이 뭉쳐 있다면 아플 수 있다. 욕심내서 크게 움직이지 말고 1센티미터라도 움직이는 것이 중요하다. 앞뒤로 살살 움직여주면서 골반을 풀어보자.

• 골반 상향 동작

1. 숨을 들이쉬면서 앞으로 골반을 내민다. 이때 배나 허벅지에 힘이 들어가지 않고 엉덩이에는 살짝 힘이 들어가야 한다. 숫자를 다섯까지 셀 동안 자세를 유지한다.
2. 숨을 내쉬면서 엉덩이를 뒤로 뺀다. 역시 숫자를 다섯까지 셀 동안 자세를 유지한다.
3. 이 동작을 3분 동안 반복한다.

다시 한 번 강조하지만, 중요한 건 골반만 움직이고 몸은 가만히 있어야 한다는 점이다. 많은 사람이 몸에서 골반만 따로 움직이게 하는 것을 어려워한다. 골반을 움직이는 게 아니라 어깨부터 몸 전체를 들썩이면서 하는 경우가 대부분이다. 움직임이 이해된다면 이제는 조금 더 빠르게 앞뒤로 움직인다. 앞뒤로 3분 정도 흔들어준다. 살짝 무릎을 구부리고 골반만 빠르고 강하게 흔든다. 숨을 들이쉬면서 골반을 앞으로 내밀고 내쉬면서 뒤로 뺀다. 이 동작은 3분 정도 유지한다. 이번에는 호흡을 반대로 하며 같은 동작을 반복한다. 이는 골반 하향 동작이라고 부른다.

• 골반 하향 동작

1. 숨을 내쉬면서 앞으로 골반을 내민다. 이때 배나 허벅지에 힘이 들

어가지 않고 엉덩이에는 살짝 힘이 들어가야 한다. 숫자를 다섯까지 셀 동안 자세를 유지한다.

2. 숨을 들이쉬면서 엉덩이를 뒤로 뺀다. 역시 숫자를 다섯까지 셀 동안 자세를 유지한다.

3. 이 동작을 3분 동안 반복한다.

이 운동의 효과는 아주 뚜렷하다. 긴장된 근육이 풀어지면서 섹스 시 힘찬 에너지를 느낄 수 있다. 호흡과 흔들기에 집중할 수 있다면 성감이 깨어나고 남성의 회음부, 음낭 및 음경, 여성의 질 안과 음핵에 미묘한 떨림을 경험하게 된다. 몸에 에로틱한 느낌을 만들어 섹스에 쾌감을 더해주는 매우 효과적인 방법이다. 지금 당장 움직여보자. 충분한 시간을 가지고 연습해보자.

내 몸을 온전히 사랑하기

내 몸에 자신감이 없고 불안하다면 섹스를 즐길 수 없다. 내 몸에 집중하는 능력을 키우면 관계 시 느끼는 능력이 높아진다. 이럴 때 바디 스캔 명상법이 아주 유용하다.

1. 누워서 눈을 감고 5분 동안 휴식을 취한다.

2. 긴장이 풀리면 잠시 자세를 확인한다. 가장 좋은 자세는 천장을 보고 누운 상태의 편안하고 바른 자세다. (척추 아래에 담요나 쿠션을 받치면 좋다.)

3. 발이 어깨너비가 되도록 벌린다.

4. 발을 바깥쪽으로 살짝 돌린다.

5. 양손을 몸 옆에 두고 손바닥을 위로 향하게 한다.

6. 목이 이완되었는지 확인한다. (원한다면 작은 쿠션을 목 밑에 받친다.)

7. 얼굴을 포함하여 온몸이 이완되었는지 확인한다.

8. 눈을 감고 몸의 감각에 집중한다.

이 상태에서 우리가 해야 할 일은 오로지 몸에 집중하는 것이다. 바디 스캔이라는 말처럼 내 몸 전체의 감각을 되짚어보는 시간을 가진다. 의식을 몸으로 가져간다. 이는 내 몸의 감각을 느끼는 과정이다. 부드러운가, 단단한가. 따뜻한가, 차가운가. 그 감각에 마음을 집중한다.

내가 경험하는 감각 중 일부는 긴장, 차가움, 맥박 소리, 무감각, 가려움, 어지러움일 수 있다. 불안, 짜증, 피로, 스트레스와 같은 부정적 감정을 느낄 수도 있고 평온함과 기쁨과 같은 긍정적 감정을 느낄 수도 있다. 계속해서 이런 감각을 인식해야 한다.

핵심은 스스로 관찰한 것을 받아들이는 데 있다. (더 자세한 내용은《Full Catastrophe Living》을 참고하라.) 그럼 계속해서 다음 단계로 나아가보자.

1. 머리에 나의 의식을 집중한다. 숨을 들이마시고 내쉬면서 내 머리에 집중한다.
2. 호흡을 들이마시며 머리에 따뜻하고 밝은 기운이 도는 것을 상상한다.
3. 호흡을 내쉬며 머리에서 복잡한 생각들이 빠져나가는 것을 상상한다.
4. 그런 후 내 머리를 온전히 느껴본다. 따뜻한가, 차가운가, 혹은 지끈거리는가?
5. 이제 점차 머리에서 얼굴을 통해 몸 아래로 초점을 이동하기 시작한다. 우선 눈, 코, 입, 귀를 통해 얼굴을 느껴본다.
6. 계속해서 의식을 목, 어깨, 팔, 손가락 끝까지 옮긴다.
7. 이제는 팔을 어깨까지 뒤로 올린 후 가슴, 배, 골반, 다리, 발가락에 집중한다.
8. 이 상태로 5분 동안 몸 전체의 감각에 집중한다.
9. 아래를 향한 바디 스캔이 끝나면 이번에는 반대로 발끝에서 머리끝을 향해 올라가보자.

숨을 편하게 들이쉬고 내쉬면서 바디 스캔을 하면 내 몸을 사랑하고 아끼는 방법을 배우게 된다. 몇 년 전 만난 39세 여성이 떠오른다. 그녀는 살면서 한 번도 섹스의 중요성을 깨닫지 못했고 오르가슴도 느껴보지 못했다. 그녀가 나를 만난 것도 섹스가 아니라 바디 스캔 때문이었다. 명상 세미나가 있어서 듣게 되었다는 그녀는 이 과정을 통해 그동안 자기 몸에 너무 무심했던 자신을 반성했다. 그리고 항상 다른 사람의 눈에 내 몸이 어떻게 보일지만 고민했지 스스로 자신의 몸을 사랑하지 않았다는 점을 후회했다. 그녀는 자기도 모르게 눈물을 흘렸다. 내 몸에서 자신감 없는 부분이 있는가? 그 부분으로 인해 위축감이 생기는가? 그렇다면 이제는 스스로 말해보자.

- "나는 아름답다."
- "나는 섹시하다."
- "나는 멋지다."
- "나는 강하다."
- "나는 사랑스럽다."

아침에 일어나면 거울을 보고 내가 나에게 들려주고 싶은 메시지를 들려준다. 오늘 하루 나와의 첫인사를 하는 것이다. 입꼬리를 올리고 스스로 외친다. "나는 참 괜찮은 사람이다!" 딱 한 달만 반복하면 정말로 그런 사람이 되어 있는 것을 발견하게 된다.

몸이 바뀌는 대로 관계도 바꾸면 된다

신체 변화를 극복하기 위해 여러 가지 방법을 알아보았다. 그러나 마지막으로 당부하고 싶은 말이 있다. 변화를 꼭 '극복'하지 않아도 좋다는 것이다. 몸에 변화가 찾아왔다면 관계도 그에 맞춰 바꾸면 된다. 남성의 발기부전이나 강직도가 떨어지는 문제, 여성의 성감이 줄어드는 문제는 스트레칭, 운동, 명상으로 어느 정도 해결할 수 있다.

하지만 완경 이후 질이 건조해지는 것은 자연스러운 몸의 현상이다. 질벽이 얇아지며 탄력이 감소하는데 애액마저 부족해지면 극심한 성교통이 발생한다. 그럼 답은 간단하다. 젤이나 유기농 오일을 사용하는 것이다. 젤은 성적 활동 중에 질 조직에 추가적인 윤활을 제공하여 불편함을 줄여주며 성적인 부드러움의 증진으로 흥분감을 높인다.

하지만 2012년 세계보건기구(WHO)는 윤활유의 산성도 및 삼투압에 대한 우려를 강조하는 권고 문서를 발행했다. (WHO의 권고에 따르면 pH 4.5에 삼투압 1,200mOsm/kg 미만인 윤활제를 사용해야 한다.) 그러니 건강을 위해 질의 산도(pH 3.8~4.5)와 비슷한 약산성 제품을 사용하는 것이 중요하다. 알칼리성 제품은 유해균이 증식하도록 하므로 세균성 질염 위험이 증가할 수 있다.

한편 정상적인 질 분비물보다 점도가 높은 젤을 사용하면 신체 조직과 세포에서 수분이 빠져나가기 때문에(삼투압 현상) 젤 사용으로 질 조직이 더 건조해질 수 있다. 이런 조건에 맞는 젤은 인터넷이나 오프라인 상점에서 쉽게 구입 가능하며 3~10만 원 사이의 가격대를 형성하고 있다.

옷만 벗지 말고 마음의 짐도 벗어라

섹스는 두 사람이 나누는 몸의 대화다. 약물이나 수술의 도움을 받지 않아도 나이와 상관없이 몸의 대화를 즐길 수 있다. 나이가 들어도 꾸준히 성관계를 하면 육체적 건강과 정신적 건강에 매우 이롭다. 성관계는 지방을 태우고 엔돌핀을 생성해 불안감을 줄여준다. 반대로 행복감은 높여주고 수명도 늘어난다.

무엇보다 섹스는 가장 깊은 관계에서 친밀감을 표현하는 기회다. 부부 사이를 견고하게 만드는 것은 물론이고, 때로는 지치고 고단한 삶에서 벗어나 몸의 유희를 즐길 피난처가 되기도 한

1장 죽기 전에 한 번만 느낄 수 있다면

다. 몸이 아니라 마음을 보여주는 섹스, 옷만 벗는 것이 아니라 마음의 짐을 벗어버리는 섹스를 시작하자.

섹스는 '서울-대전-대구-부산'이 아니다
— 성감대 찾기

혈자리 누른다고 '뿅' 가지 않습니다

성상담을 진행하다 보면 속된 말로 '답답해서 죽겠는' 순간
이 온다. 내담자가 이렇게 말할 때다. "저는 그런 거 복잡해서 관
심 없으니 핵심만 알려주세요. 여자의 어디를 만지면 '뿅' 가죠?"
단언컨대 그런 곳은 없다. 우리 몸에 성감대라는 것이 존재하기
는 하지만 사람에 따라 위치가 전부 다르며, 위치를 찾아냈다고
해도 갑자기 '꾹' 눌러서 '아!' 하고 반응이 나오는 게 아니다.

민아 씨가 상담실에 온 것도 이 문제 때문이었다. 민아 씨는
남편과 마지막으로 잠자리를 가진 지 한 달이 넘었다. 남편은 화
가 나서 이제 말도 안 건다고 했다. 민아 씨는 결혼 후 남편과 일

상을 공유하게 되며 남자에 대한 환상이 깨졌다. 잘생기고 몸 좋던 그의 남편도 결국은 잠옷 차림에 부스스한 얼굴로 방귀를 뀌는 '사람'이었던 것이다. 게다가 남편은 결혼 후 10킬로그램이 쪘다. 품에 안겼을 때 몸에 닿는 두툼한 뱃살!

그래도 민아 씨는 남편을 사랑했다. (혹은 사랑하기로 했다.) 외모가 전부는 아니지 않은가. 그래서 그와의 섹스도 즐기려고 했다. 그런데 두 사람의 섹스는 너무 단조로웠고 아무런 감흥도 없었다. 얼굴만 봐도 설레던 시절은 지났으니 변화가 필요했다. 남편에게 슬쩍 (그러나 정말 아주 슬쩍) "다른 데 만져줘"라고 말했지만 남편은 이 말을 무시했다.

남편을 불러서 물어봤다. "민아 씨가 어떤 애무를 좋아하는지 아시나요?" 그러자 남편은 자신 있게 말했다. "그럼요. 제가 여자를 얼마나 잘 아는데요. 허리 뒤에 여기를 이렇게 누르면 오르가슴이 온다고요." 민아 씨 남편이 전설 속 무림비급이라도 알려주는 듯한 표정을 짓는 모습을 보며 나는 당혹감을 느꼈다.

이번에는 다시 민아 씨에게 질문했다. "남편에게 이런 고민을 솔직히 털어놓으셨나요?" 그러자 민아 씨는 난감하다는 표정을 지으며 말했다. "이런 말을 어떻게 직접해요! 상처받지 않겠어요?" 그렇다. 민아 씨처럼 생각하는 경우가 많다. 그런데 "우리 다른 방식으로 섹스하자"고 말하는 것과 섹스하자는 신호를 거절하는 것 중 무엇이 더 상처가 될까? 이유도 모른 채 거절당하는 것보다는 함께 해결해나가는 것이 낫지 않을까?

다행히 민아 씨는 남편에게 말할 용기를 얻었다. 그래서 "어디를 어떻게 애무받기 원하는지 남편에게 말해주세요"라고 조언하자 이번에는 새로운 문제가 튀어나왔다. 어디를 어떻게 했으면 좋겠는지 민아 씨 스스로 모르고 있었던 것이다.

우리의 온몸은 성기다

성감대(eroszone)란 몸과 마음의 '느껴지는 부분'이다. 즉, 만졌을 때 기분이 좋은 곳이다. 많은 이가 성감대를 어렵게 생각한다. 어떻게 해야 할지도 모르겠다고 한다. 기본적으로 '성'이라는 말이 들어가면 솔직히 무서워하는 게 현실이다. 내 몸에 성적인 부분이 있다는 사실을 피하려는 사람도 많다. 몸을 만지고 즐기는 행위가 금지된 문화에서 자랐기 때문인데 이런 의식을 깨는 것이 중요하다. 사랑하는 사람끼리의 접촉은 변태 행위가 아닌 사랑의 행위다.

다시 성감대로 돌아가자. 성감대라고 하면 흔히 생식기를 떠올린다. 맞다. 생식기는 핵심 성감대로, 이곳을 잘 아는 것은 중요하다. 여성은 음핵, 대음순, 소음순, 질로 구성되어 있고 남성은 음경과 음낭으로 구성되어 있다. 하지만 생식기부터 공략 (?)하기 전에 알아야 할 것이 있다. 우리 몸은 전체가 성기라는 점이다. 음순이나 음경은 생식기의 일부일 뿐이다.

몸 전체에서 성감대를 찾아내는 방법으로는 미국의 성의학자 마스터스와 존슨이 개발한 SFT(sensual focus traninning)가 있는데, 우리는 이 방법을 간단히 변형해서 사용하겠다. 우선 서로의 성감대를 찾는 날을 일주일에 하루 정한다. 시간은 한두 시간이면 충분하다. 이는 서로의 몸을 알아가는 시간이다. 준비물이 있다. 바로 편안함이다.

오감을 편안하게 해주기 위해 첫 번째, 후각을 이용하면 좋다. 후각 신경은 열두 개의 뇌신경(cranial nerves) 중에서 유일하게 외부에 노출되어 있으며 다른 감각과는 달리 시상핵(thalamic nuclei)을 거치지 않고 바로 피질로 투사하기 때문에 강력한 자극력을 가지는 것으로 알려져 있다. 보통 시트러스 계열(흔히 귤 냄새)이나 플로럴 계열(꽃 냄새)의 아로마를 가지고 향기를 맡으면 몸이 편안해진다.

두 번째, 청각을 이용한다. 인간의 뇌파를 안정시키는 주파수가 있다. 알파파(주파수: 8~13헤르츠), 세파타(주파수: 4~8헤르츠) 등이다. 우리는 음악을 통해 긴장을 풀고 편안한 상태를 만들 수

1장 죽기 전에 한 번만 느낄 수 있다면

있다. (인터넷에 들어가 알파파 음악, 세타파 음악이라고 검색하면 추천 곡이 나온다.)

세 번째, 시각을 이용한다. 너무 밝은 빛은 특히 여성을 부끄럽게 한다. 내 몸을 상대에게 보여준다는 불편함이다. 여성들은 여성끼리 모여있는 목욕탕에서도 수건으로 본인의 몸을 가리고 들어간다. 내 몸에 대한 아름다움과 당당함을 뽐내기보다는 내 몸을 보이는 순간 움츠러들고 감추고 싶은 마음을 겪는다. 그러니 은은한 조명이나 촛불을 준비한다. 부드러운 불빛에 편안함을 느끼면서도 이글거리는 불꽃에서 열정 또한 느끼게 한다. 또 다른 방법으로는 안대를 사용하는 것이 있다. 인간은 정보의 80~90퍼센트를 시각을 통하여 얻는 것으로 알려져 있다. 눈을 가리게 되면 시각이 차단되면서 파트너로부터 받는 감각에 집중하기가 훨씬 쉬워진다.

여기까지 준비를 마쳤으면 샤워를 한다. 욕조가 있다면 몸을 충분히 담그고 나오는 것도 좋다. 몸이 '노곤노곤' 하게 이완되기 때문이다. 이때 포인트가 하나 있다. 샤워 후 수건으로 물기를 닦지 말고 몸을 털어보자. 그럼 뭉쳐 있던 근육들이 풀어지면서 성감대 찾는 것이 더 쉬워진다.

마지막으로, 오일을 준비해보자. 흔히 오일이나 러브젤을 '질이 건조할 때 사용한다'고 생각하지만 이 외에도 오일은 좋은 윤활제 역할을 한다. 우리가 그냥 손을 잡는 것과 오일을 바르고 잡는 것은 부드러움의 차이가 크다. 그 부드러움을 더해서 우리 둘 사이를 깨운다. (이왕이면 천연 유기농 제품을 추천한다.) 몸에 오일을 바르면 금방 흡수된다. 한 가지 제품을 구매해서 사용해도 좋고 여러 가지 제품을 섞어서 사용해도 좋다.

여성의 성감대를 찾는 황금레시피

여성의 성감대를 찾을 때는 음순에서 먼 곳부터 시작해 점차 가까운 곳으로 다가가야 한다. 우선 여성이 등을 위로 보이고 눕는다. 머리가 불편할 수 있으니 베개나 쿠션을 이용해 숨쉬기 편안하게 하자. 그럼 남성은 순서에 맞춰 여성을 애무한다. 남성은 손을 밥그릇 모양으로 만들고, 원을 그리듯이 움직이는 패턴으로 여성의 몸을 만진다. 이때 팁이 있다. 허벅지처럼 면적이 넓은 부위는 손가락 다섯 개를 모두 사용해서 만지고, 귀처럼 좁은 부위는 두 번째 혹은 세 번째 손가락만 가지고 만진다.

1. 여성의 왼쪽 발가락에서 시작한다. (발가락→발바닥→종아리→무릎 뒤→ 허벅지)

2. 이번에는 오른쪽 발가락에서 시작한다. (발가락→발바닥→종아리→무릎 뒤→허벅지)

3. 이번에는 엉덩이 가운데에서 시작한다. (엉덩이 가운데→엉덩이 양쪽 측면→허리→가슴 뒤쪽→어깨)

4. 이번에는 왼쪽 손가락에서 시작한다. (손가락→손바닥→팔→어깨)

5. 이번에는 오른쪽 손가락에서 시작한다. (손가락→손바닥→팔→어깨)

6. 마지막으로 머리에서 시작한다. (정수리→두피→귀→목→등의 가운데→양쪽 겨드랑이)

이때 속도와 강도에 집중하자. 닿을 듯, 말 듯 피부 표면(표피층)을 터치해야 한다. 속도는 개미가 지나가는 속도가 좋다. 3초에 1센티미터를 지나가도록 해보자. 매우 느리게 움직여야 한다. 내 손끝으로 상대의 살결을 하나하나 만나는 것이다. 피부에 난 숨구멍 하나하나를 느낀다고 상상해도 좋다. 상대의 세포 하나하나를 지나면서 시간과 공간을 초월해 하나가 되는 경험을 하게 된다. 이 순간 온전히 상대에게 집중하다 보면 온몸이 짜릿해지고 애무를 하는 사람도 받는 사람도 하고 싶은 흥분에 휩싸이게 된다. 이제껏 경험하지 못했던 전율과 함께 성감대를 찾을 수 있다.

우리는 지금 단순한 애무를 하는 것이 아니라 성감대를 찾

고 있다. 그러니 조금 더 오랫동안 천천히 자극해보자. 그럼 성감
대가 '깨어난다'는 것이 무엇인지 알게 된다. 간지럽다는 반응이
나올 수도 있는데 그럼 속도는 더욱 천천히, 강도는 약하게 조절
한다. 보통 간지러운 부분이 바로 성감대다. 놓치지 말고 기억해
둘 것!

자, 그럼 이제 팔과 다리, 등을 경험했으니 엉덩이 부분으로
이동해보자. 엉덩이부터는 아주 강력한 성감대로 성적 흥분이
바로 일어날 수 있는 곳이다. 지금까지는 '아, 기분 좋다' '편안하
다'라는 느낌을 받았다면 이제부터는 '당장 하고 싶다'는 느낌으
로 들어가게 된다. 엉덩이를 하나의 커다란 덩어리로 접근하지
말고 나누어보자. 손을 역시 둥글게 원 모양으로 터치해야 한다.

• 엉덩이 양쪽 옆면, 엉덩이골

엉덩이골은 아주 중요한 성감대다. 닿을 듯 말 듯 지나갈 때
여성은 소름이 끼치는 듯한 흥분을 느낀다. 이 말을 듣고 나면
어떤 남성은 "당장 엉덩이부터 시작하자!"고 달려든다. 팔다리는
생략하고 이 과정만 하려는 것이다. 그런데 엉덩이가 짜릿하려
면 팔다리 애무를 통해 몸이 먼저 달아올라 있어야 한다.

한 남성 수강생이 아내에게 "여기 누워 봐" 하면서 갑자기

엉덩이골을 만졌다가 "변태야! 뭐 하는 짓이야!"라며 뒷발차기를 당할 뻔했다고 한다. 워낙 민감한 부위인 만큼 흥분이 올라오지 않은 상태에서 만지면 이상하고 불편한 부분이기도 하다. 그러니 제발 메인 코스만 먹지 말고 애피타이저부터 차근차근 시작하기 바란다.

또한 엉덩이를 애무할 때도 팔다리를 애무할 때와 같은 속도와 강도를 유지해야 한다. 3초에 1센티미터가 답답하게 느껴지거나 더 강하게 꾹꾹 누르고 싶은 마음이 들 수 있다. 그래도 숨을 깊게 들이마시고 상대방과 호흡을 맞추면서 처음의 속도와 강도를 지킨다. 이렇게 하면 여성의 신체 뒷면을 전부 탐색한 셈이다. 여성의 신체 뒷면 성감대는 보통 다음과 같다.

• 귀, 겨드랑이, 등, 허벅지 안쪽, 발가락, 엉덩이골

이번에는 여성이 위를 보고 눕는다. 그리고 남성은 다음 순서로 여성의 성감대를 찾아간다.

1. 여성의 왼쪽 발가락에서 시작한다. (발가락→발등→복사뼈→종아리→무릎→허벅지)

2. 이번에는 오른쪽 발가락에서 시작한다. (발가락→발등→복사뼈→종아리

→무릎→허벅지)

3. 이번에는 왼쪽 손가락에서 시작한다. (손가락→손등→팔→어깨)

4. 이번에는 오른쪽 손가락에서 시작한다. (손가락→손등→팔→어깨)

5. 마지막으로 머리에서 시작한다. (귀→목→어깨→쇄골→겨드랑이→가슴→배)

　　발가락을 애무할 때는 엄지발가락에서 시작해 새끼발가락으로 이동한다. 역시 원을 그리면서 발가락 하나에 10~20초를 머무른다. 특히 엄지발가락은 발에서 가장 큰 성감대다. 지금은 손을 이용해서 터치하지만 키스하거나 입으로 빠는 등 다양한 자극을 줄 수 있다. 이렇게 서로를 느끼는 시간이 늘어나면 내 몸의 감각도 함께 열리면서 더 시간을 머물고 싶은 곳이 생긴다. 그럼 그곳에 더 많은 시간을 쓰면 된다. 남성의 손이 다리로 올라오면 여성은 무릎을 살짝 구부려 허벅지 안쪽을 드러낸다. 허벅지 안쪽은 여성의 핵심 성감대로 기분 좋은 정도가 강해진다.

　　이번에는 머리로 올라간다. 머리를 왼쪽으로 돌려서 왼쪽 귀를 터치하고, 오른쪽으로 돌려서 오른쪽 귀를 터치한다. 귀는 또 하나의 성기라고 한다. 귓불, 귓바퀴, 귀 안쪽의 구멍을 애무한다. 다시 한 번 말하지만, 허벅지처럼 면적이 넓은 부위는 손가락 다섯 개를 모두 사용해서 만지고, 귀처럼 좁은 부위는 두 번째 혹은 세 번째 손가락만 가지고 만진다. 사람의 귀 뒤에는 옴

폭 들어간 부분이 있는데 미주신경이 지나는 곳으로 아주 민감한 부위니 빠뜨리지 않도록 한다.

이제 목 옆으로 내려와서 어깨 앞쪽, 쇄골, 어깨 뒤쪽을 자극한다. 쇄골에서 겨드랑이로 내려간다. 겨드랑이는 애무하면서 많이 놓치는 부위인데 페로몬 향이 나온다는 이곳은 중요한 성감대다. 손가락을 이용해서 부드럽게 원을 그리며 감각을 깨운다.

다음으로 가슴이다. 그런데 잠깐. 다른 이야기를 먼저 하자. 많은 여성이 자신의 가슴에 콤플렉스를 가지고 있다. 그래서 보형물을 최대한 넣기도 하고 수술을 고민하기도 한다. 하지만 한 남성은 이렇게 털어놓았다. "여자친구 가슴을 잡는 순간 다른 살과는 확 다른 느낌을 받았어요. 성형한 사실을 알게 되니 아무리 노력해도 흥분되지 않아요."

만약 남성이 상의 없이 음경에 보형물을 넣었다고 생각해보자. 커져서 좋아하기보다는 당혹스러운 기분을 느끼는 여성이 많다. 어쩌면 이렇게 생각할지도 모른다. '이 사람은 나보다는 자신의 성적 만족이 중요하구나.' 심지어 '나 아닌 다른 사람을 위해서 저런 수술을 한 것은 아닐까?'라고 생각해 배신감을 느끼기도 한다. 여성의 가슴 성형에 대한 남성의 생각도 비슷하다. 모든 여성의 가슴은 자연스럽게 남성을 유혹한다. 자신의 가슴을 부끄러워하지 말고 당당히 드러내자.

이야기가 멀리 돌아왔다. 남성이 여성의 가슴을 어떻게 터치하면 좋은지에 대해 계속 알아보자. 가슴에 있는 성감대도 한 개가 아니다. 유두와 유륜(유두 주변의 거무스름한 곳)을 나누어서 한 곳, 한 곳 정성스럽게 만나자. 참고로 입술에서 가슴을 지나 성기까지의 라인은 성감을 느끼게 하는 신경선이 지나가는 곳이다. 앞에서 말했듯 충분한 전희 없이 덥석 만지면 불쾌감이 들 수 있다는 사실, 잊지 말자. 가슴을 지나 배로 내려간다. 원을 그리며 배꼽을 향하고, 배꼽 주변을 부드럽게 애무한다.

이제 드디어 여성의 생식기로 갈 단계가 되었다. 그전에 "음핵을 만질 때 여자는 어떤 기분인가요?" "음경을 만질 때 남자는 어떤 기분이에요?"라는 질문을 정말 많이 받는다. 그 답이 궁금하다면 남녀 상동성에 대해 알아야 한다. 남자든 여자든 처음에는 하나의 수정란에서 시작한다. 그럼 아이의 성별을 언제부터 확인할 수 있을까? 보통 10주 정도 지났을 때다. 그전에는 왜 알 수 없을까? 너무 작아서? 아니다. 똑같아서다. 남녀가 똑같이 생겨서 구분할 수 없다가 10주째가 되면 남성은 밖으로, 여성은 안으로 성기가 만들어진다. 다시 말해서 남성의 성기와 여성의 성기는 기본적으로 동일하다.

그럼 여성의 음핵에 해당하는 곳은 남성의 어디일까? 음경? 조금 더 정확히 말하자면 음경 끝의 귀두 부분이다. 그러니 여성의 음핵을 자극하면 남성의 귀두를 자극하는 것과 비슷한 느낌이 전해진다. 그럼 혹시 남성의 발기 현상이 여성에게도 일어날까? 맞다. 여성 역시 발기하는데 성적으로 흥분하면 음핵에 혈액이 몰려 커진다.

그런데 이렇게 중요한 음핵이 어디에 달려 있는지조차 모르는 분이 많아서 슬프다. 특히 자신의 몸에 관심이 부족한 여성이 많다. 고개를 숙인다고 쉽게 보이는 곳이 아니라 그런 것일까? 이제라도 음핵이 어디에 있는지 확인해보자. 거울을 활용해 살펴보면 마치 콩알처럼 밖으로 드러난 부분이 있다. (사실 음핵은 몸 안쪽으로 훨씬 거대한 발기 조직이 이어져 있다.) 여성의 생식기를 애무할 때는 음핵에서 시작해 항문을 향하도록 한다.

• 음핵→대음순→소음순→요도→질→회음부→항문

음핵에서 대음순으로 이동하며 원을 그리며 한 바퀴 이동한다. 그리고 대음순으로 가려진 안쪽으로 들어간다. 이제 다시 음핵에서 시작해 요도와 질을 지나 회음부까지 원을 그리면서 내려간다. 마지막으로 항문 주변을 터치하는데, 바르게 누운 상태에서 손이 닿지 않는다면 억지로 불편하게 만지지는 않아도 좋다.

몸의 다른 곳보다 신경 써야 할 부위이니 지점마다 30초에서 1분 정도 머무르며 성감을 깨워보자. 이때 여성이 흥분하면 애액이 나오고 음핵 발기체가 커진다. 여기서 중요한 포인트가 있다. 이 시점이 되어야 비로소 질 속의 성감대에 불이 들어온다. 준비운동 없이 음경부터 삽입했을 때 여성이 아무것도 느끼지 못하는 원인이다. 만약 무턱대고 삽입해도 느낀다면 여성은 산부인과에서 질 내시경이나 조직검사를 할 때도 흥분할 것이다. (물론 그런 일은 일어나지 않는다.)

충분히 애무해서 여성의 몸이 준비되었다면 이제 질로 들어가보자. 이때도 그냥 무작정 손가락을 쑥 넣으면 안 된다. 질 안쪽 성감대를 찾기 위해서는 질 입구부터 원을 그린다. 질 입구 안쪽에는 음핵 발기 조직인 전정구가 위치해 있다. 그런데 잠깐. 이곳을 만지면 대부분의 여성이 긴장한다. 산부인과 진료를 위해 다리를 벌리고 앉는 의자를 흔히 '좌절의자'나 '굴욕의자'라고 부르는데, 그곳에 앉아본 여성이라면 이 느낌을 알 것이다. 만약 질경련이 일어난다면 이때 골반 근육 운동과 호흡을 통해 몸을 풀어준다. 숨을 깊이 들이쉬며 수축하고, 내쉬면서 이완하는 동작을 10회 정도 반복한다.

내쉬는 호흡에 맞춰 남성은 손가락을 아주 천천히 넣는다. 여성의 질 하나하나를 느낀다는 생각으로 1초에 1밀리미터 넣는다는 느낌이 적당하다. 여성은 질 입구가 편안하게 이완되는 상상을 한다. 남성의 손가락이 손톱 부분까지 들어갔다면 잠시 멈춘다. 그리고 질 안을 원을 그리면서 터치한다. 이때 여성은 호흡을 계속한다. 동시에 골반 근육을 수축하고 이완하면 손가락과 질 표면이 잘 닿아 더 다양한 자극을 받을 수 있다.

2~3분 정도 계속하면 편안해지면서 질 위쪽에 있는 지스팟이 느껴질 것이다. 지스팟은 질 안에 있는 약간 도톰한 부위인데 사람마다 위치는 다르다. 질 입구에 있는 여성도 있고 질 깊숙한 곳인 자궁경부 부근에 있는 여성도 있다. 이 부분을 원을 그리면서 자극한다. 성감대를 찾는 것이 아니라 실제 성관계를 하고 있다면 지스팟과 음핵을 함께 자극하는 것이 중요하다. 음핵은 성감을 켜는 스위치다. 성감이 오르기 위해서는 질에 삽입하면서 음핵 역시 만져야 한다. 참고로 여성마다 음핵의 모양과 위치가 다른데, 직접 만지지 않더라도 체위와 삽입 각도, 강도로 인해 음핵이 자극될 수 있다.

잠시 지스팟에 대해 이야기하고 넘어가자. 지스팟은 여성의 질 일부분으로 자극을 받을 경우 높은 수준의 쾌감과 강렬한 오르가슴을 일으킬 수 있다고 알려져 있다. 여러 연구가 진행되고 있지만 아직 뚜렷한 구조나 정의에 대해서 밝혀진 바는 없다. 질에서 오르가슴을 느끼지 못하는 여성은 '내가 불감증은 아닐까' 하고 걱정하는 경우가 많다. 이곳은 성감대 중 한 곳이며 지스팟에서 흥분을 경험하지 않는 것 또한 정상 범위에 속한다.

또한 질은 자극한다고 해서 하루 만에 뚝딱 느낌이 오지 않는다. 대부분이 "해봤는데 잘 모르겠어요" "어려워요"라고 털어놓는다. 몸과 몸이 만나는 데도 시간이 필요하다. 전혀 모르던 두 사람이 친해지고 사랑하게 되기까지 시간이 걸렸듯이 말이다.

남성의 성감대를 찾는 황금레시피

남성 또한 여성의 성감대를 찾는 것과 같은 방법으로 진행한다. 등부터 시작해서 몸의 앞쪽 부분을 탐험한다. 신체 여러 부분의 성감대를 찾았는가? 그렇다면 이번에는 남성의 생식기로 가보자. 남성의 생식기는 크게 음경과 음낭으로 구분된다. 음경은 다시 귀두, 귀두선, 음경 기둥으로 나눌 수 있다. 많은 남성이 10~15세 사이에 자위를 시작하며 이후 수백 번, 수천 번의 반복을 통해 어디를 어떻게 만지면 사정할 수 있는지 깨닫게 된다.

남성은 자위 덕분에 성감대를 깨우기도 하지만 반대로 문제를 겪기도 한다. 올바른 자위 방법을 배우지 못한 채 잘못된 자극을 주는 것이다. 그럼 나중에 여성의 질에 삽입하고도 아무런 느낌을 받지 못하는 불감을 고민하는 남성이 의외로 많다. 음경을 모서리에 문지르거나 허벅지 또는 손의 힘을 이용해 강한 압력으로 누르는 것 등이 주로 나쁜 습관이다. "남편이 질에 사정하지 못해요. 그래서 꼭 입이나 손으로 마무리해달라는데, 제게 문제가 있는 걸까요?"라며 상담을 신청하는 여성이 있다. 이 경우 남편의 자위 습관이 문제인 경우가 있다.

귀두는 성기 말단에 있는 음경의 한 부분이다. 여성의 음핵과 남성의 귀두는 해부학적으로 상동기관이다. 하지만 이 기관의 차이점을 많은 이가 모른다. 음경은 절반 이상이 몸 밖으로 나와 있고 나머지 절반만 몸 안에 있다. 음핵은 귀두에 해당하는 부분만 몸 밖으로 나와 있고 나머지는 몸 안에 있다. 여성의 음핵은 약 8,000개의 신경이 풍부하게 분포하고 있다. 남성의 귀두 역시 많은 신경이 분포하고 있으나 귀두를 덮고 있는 포피에 더 풍부한 감각이 존재한다.

해부학적 지식은 이 정도로 하고 이제 여성은 손과 오일을 이용해서 이곳을 부드럽게 터치해보도록 하자. 좁은 부분이니 손가락 하나로 원을 그리면서 아주 천천히 자극하면 된다. 예민한 부분이라 남성은 바로 흥분해서 삽입하고 싶은 욕구를 느낄 수 있다. 하지만 숨을 깊게 들이쉬고 내쉬면서 가만히 느껴보자. 비교적 강한 부분과 약한 부분을 찾으면서 다양한 성감을 깨닫게 된다.

귀두선 바로 아래에는 음경소대라고 불리는 남성에게 가장

음경소대

중요한 성감대가 있다. (안타깝게도 풍부한 감각이 존재하는 표피가 포경수술을 통해 많이 잘려나간다.) 많은 남성이 사정할 때 이 부위의 마찰을 통한다. 여성은 이곳에 엄지손가락으로 원을 그려준다. 주의 사항이 있다. 우리는 지금 사정을 향해 나아가는 것이 아니다. 사정감이 강하게 오면 남성은 상대에게 반드시 말해 자극을 줄이도록 해야 한다.

이제 음경 기둥으로 가자. 음경 기둥의 아랫면은 즐거움의 원천으로 이곳에도 역시 신경선이 다수 분포한다. 많은 남성이 음경의 아랫면과 음경소대의 자극에 흥분감과 사정감을 얻는다. 척수손상이 있는 남성이 음경소대를 자극했을 때 오르가슴과 사정을 경험했다는 사례도 보고된 바 있다.

다음으로 음낭이다. 음낭 안에는 두 개의 고환이 있다. 그러니 아주 약하게 자극해야 한다. 손을 움직이는 방법은 동일하다. 너무 강하게 움켜쥐면 아플 수 있으니 강도와 속도를 조절해준다. 음낭을 터치하면서 자세히 살펴보자. 그럼 음낭에서 귀두까지 봉제선 같은 것을 선을 찾아볼 수 있다. 그 선을 아래에서 위로 부드럽게 따라 움직인다.

남성의 성감대를 찾는 여행은 여성의 여행에 비해 간단하다고 느꼈을 것이다. 하지만 남성의 몸에 익숙하지 않은 여성이라면 이 과정을 반복해서 내 파트너의 성감대가 어디인지, 어떤 속도와 강도를 좋아하는지 익힐 필요가 있다. 남성 역시 여성의 도움을 받아 새로운 감각에 눈 뜨는 계기가 될 수 있도록 노력해보자.

조금 수위가 높지만 강력한 팁이 있다. 많은 부부가 상대의 성감대를 정확히 찾지 못해서 지루해진다. '평생 이렇게 살 수는 없다'고 결심했다면 스스로를 만지고 즐기는 가장 은밀하고 에로틱한 모습을 상대에게 보여주자. 어디를 어떻게 만져야 좋고 싫은지 확실하게 알려줄 수 있다. 이 방법을 권하면 많은 이가 놀라지만, 단지 상대의 성감대를 자극하는 방법을 알게 될 뿐만 아니라 죄의식이나 부끄러움을 느끼지 않고 상대에게 오르가슴을 보여줄 수 있는 자신감을 배우게 된다. 스스로의 감각을 신뢰하고, 그 모습을 상대에게 보여줌으로써 높은 친밀감을 느낄 수 있다.

- 서로 사전에 이야기한다.
- 편안한 시간과 공간을 마련한다.
- 불안함과 두려움을 따뜻한 포옹으로 녹여준다.

순서를 정해서 한쪽이 먼저 자위를 보여준다. 이때 집중이 어렵다면 안대를 착용한다. 끝난 후에는 따뜻한 포옹으로 마무리하고 피드백 시간을 갖는다. 피드백을 할 때 서로 조롱하거나 놀리는 이야기는 금지다. 어떤 순간이 가장 어려웠는가? 가장 좋았던 부분은 무엇인가? 자위 도중에 했던 생각은 무엇인가? 상대가 바라보는 느낌은 어떠했는가? 이런 주제로 대화한다. 이번에는 다른 쪽이 자위를 보여준다. 같은 순서로 피드백까지 진행한다.

참고로 자위할 때 분위기를 선택해도 좋다. 고요한 상태가 집중하기 좋은가? 혹은 상대와 대화하면서 하는 것이 좋은가? 몰입도를 높이기 위해 혼자 있는 듯한 분위기가 좋을 수도 있고 상대와 같이 대화하면서 본인의 즐기는 모습을 보여주는 것이 편할 수 있다. 이제 다음에 섹스할 때는 상대의 자위를 감상하며 배운 방식을 적용해본다. 상대가 정답을 보여주었다고 해도 한 번에 문제를 풀지 못할 수도 있다. 오르가슴에 도달하기 위해 여러 번 시도하게 되더라도 끈기를 가지고 도전하자.

오스트리아의 성과학자 빌헬름 라이히(Wilhelm Reich)는 많은 사람이 몸의 감각을 잃어버리고 산다고 말했다. 우리는 몸에 갑옷을 입고 있다. 그래서 섹스를 하면서도 더 느끼지 못한다. 두꺼운 갑옷을 벗을 방법이 있다면 바로 감각 터치다. 누군가의 손길은 온몸의 무장을 부드럽게 해제해준다. 손끝에 이는 바람, 햇

1장 죽기 전에 한 번만 느낄 수 있다면

볕보다 따스한 체온으로 두 사람의 사이를 가로막고 있는 장벽을 녹여보면 어떨까?

야동도 10번 반복해서 보면 지겨울걸
— 취향 찾기

속궁합이 맞지 않으면 평생이 괴롭다

어떤 사람을 처음 만나 호감을 느끼다 보면 성적으로 끌리는 시기가 찾아온다. 상대에 대한 궁금증이 높아지는 한편 내 행동에 어떤 반응을 보일지 모른다는 불안감도 올라간다. 연애를 하고 결혼을 하는 과정에서 호기심과 긴장감은 편안함으로 바뀐다. 안정되었다는 점에서 느끼는 행복과 성적 욕구는 전혀 다른 분야의 것이다. 그래서 우리는 결혼을 통해 행복해지지만 성적으로는 불만족스러워지기도 한다.

많은 부부가 이 지점에서 섹스리스를 경험하게 된다. 섹스라는 문제를 덮어버린다. 달콤한 신혼이 지나면 출산과 육아라는 폭풍우가 쏟아져 내린다. 각자 직장에서 스트레스를 받거나 돈 문제로 갈등을 빚기도 한다. 자연히 섹스는 나중으로 밀려난다. 서로를 원하지 않고 서로를 갈구하지 않는 사이. 나는 사랑받고 있지 않다는 외로움과 쓸쓸함이 피어오른다.

성욕은 본능이니 저절로 생긴다고 생각하고는 한다. 그런데 사랑은 노력이고 창의적인 활동이다. 인간은 모두 성적 존재로 태어난다. 하지만 모두 같은 방법으로 성생활을 즐기지는 않는다. 우리는 다양한 사회문화적 배경에서 태어나 서로 다른 가정에서 성장하며 저마다 다른 개인적 경험을 한다. 이에 따라 어떤 성적 자극을 좋아하거나 싫어하기도 하고, 특정한 성적 상황을 두려워하거나 기대하고 상상하기도 한다. 이를 두고 과학자 존 머니(John Money)는 '사랑의 지도(love map)' 혹은 '섹스의 지도(sex map)'라고 불렀다. 사람의 성격이 전부 다르듯 사랑의 지도 또한 천차만별인데, 우리는 나 자신의 지도를 잘 알아야 한다. 그래야 나를 표현할 수 있고, 상대의 지도를 보며 목적지에 다가갈 수도 있다.

성적 취향을 이야기하기 전에 성에 대한 가치관을 알아보고 넘어가자. 누구나 성적 취향을 가지고 있다고 오해할 수 있기 때문이다. 사람마다 성에 대해 가지고 있는 생각은 다양한데 크게 세 가지 유형으로 분류된다.

1장 죽기 전에 한 번만 느낄 수 있다면

1. 섹스는 변태나 하는 나쁘고 수치스러운 짓이다.

2. 섹스는 임신을 위해서만 해야 한다.

3. 섹스는 즐거움을 위한 서로의 유희다.

성적 취향을 이야기할 수 있으려면 섹스가 즐거움이라고 생각하는 세 번째 유형의 사람이어야 한다. 첫 번째나 두 번째 유형에 속한다면 성에 대한 이야기를 꺼내는 것 자체가 변태적 행위로 느껴질 가능성이 있다. 성에 대한 가치관이 얼마나 중요한지 보여주는 사례가 있다. 남편의 지루 증상으로 고민하던 아내가 찾아왔다. 40대 중반의 나이에 결혼했고 임신을 준비 중이었으나 마음처럼 되지 않았다. 아내는 불임의 원인을 남편에게서 찾았다. 정자가 잘 나오지 않는다는 것이었다. 성생활을 어떻게 하고 있는지 질문했더니 이런 답변이 돌아왔다. "남편이 발기하면 제가 빨리 넣으라고 이야기해요. 넣을 때 너무 아팠지만 저는 아이를 원하고 있으니 참을 수 있었어요. 그런데 넣는 순간 정액이 나올 줄 알았는데 남편은 제 안에서 움직이기만 했어요. 찢어지는 듯한 통증이 느껴졌죠." 아내는 남편에게 "빨리 싸! 아프잖아!"라고 외치면서 스마트폰을 들여다봤다. 그녀는 섹스할 때면 고통과 지루함을 달래기 위해 스마트폰을 한다고 했다. 당연하다면 당연한 일일까? 남편은 사정하지 못했고, 어느 순간 발기가 사그라들기도 했다.

세 번째 유형에 속하는 사람이 첫 번째나 두 번째 유형에 속하는 사람과 파트너가 되면 무척 힘들고 좌절을 경험하게 된다. 성상담에서 가장 많이 고민하는 것이 바로 성욕의 불균형이다. 한쪽은 성관계가 하고 싶은데 다른 한쪽은 하고 싶지 않다고 하면서 지속적으로 싸운다. 그리고 문제가 해결되기보다는 성관계를 그만두는 상황에 놓이게 된다. 아직 연인이라면 '성격이 맞지 않는구나'라며 헤어지기도 하지만 결혼해서 자녀가 있는 상황이라면 심각해진다.

백인백섹: 100명의 사람에게는 100개의 취향이 있다

섹스리스에 대해서는 조금 후에 자세히 다루도록 하고, 다시 성적 취향으로 돌아가보자. "저는 제 취향을 잘 모르겠어요"라고 생각했다면 지금부터 본격적으로 취향 탐색을 시작할 수 있다. 취향은 주로 성적 판타지를 자극하는 방식으로 작동한다. 서로의 판타지를 알 수 있는 좋은 방법이 있다. 서로를 위한 성적 선물 준비하는 것이다. 이때 어떤 선물을 고를 수 있을까? 캐나다 퀘벡 대학의 연구팀은 1,516명의 학생을 대상으로 섹스 판타지가 있는지 물었다. 그 결과 남성 88퍼센트, 여성 85퍼센트가 판타지를 가지고 있는 것으로 나타났다.

• 남성이 가지고 있는 성적 판타지

5위 | 처음 본 여성과 하기
4위 | 능숙한 연상의 여성과 하기
3위 | 셋 이상이 하기
2위 | 섹스 중 복종하는 역할하기
1위 | 지배적 역할로 섹스에서 왕이 되기

• 여성이 가지고 있는 성적 판타지

5위 | 셋 이상이 하기
4위 | 파트너에게 제압당하기
3위 | 처음 본 사람과 하기
2위 | 입으로 하기
1위 | 낯선 장소에서 하기

성적 판타지에는 첫 번째로 시각적 판타지가 있다. 의상, 동작, 장소 등을 바꾸는 것으로 자극할 수 있다. 의상만 해도 T팬티, G스트링, 코르셋, 야한 란제리, 하이힐, 스타킹, 케겔볼, 페니스링, 가죽끈 등이 넘쳐난다. 인터넷에 '섹시 속옷'이라고만 검색해도 결과물이 알아서 주룩 나오니 마음껏 구경해보자. 그리고 서로를 위한 선물을 해보자. 아내가 입었으면 좋을 속옷은 남편이 고르고, 남편이 입었으면 좋을 속옷은 아내가 골라 서로 선물하는 것이다. '저 사람이 나한테 어떤 걸 입히고 싶어 할까?'라고 떠올리는 것도 새로운 자극이 된다. 더 적극적으로 제복을 활용해도 좋다. 의사와 간호사, 학생과 선생님 같은 것이다. 역할놀이는 섹스할 때마다 다양한 흥분을 만들어낸다. 섹스 판타지에 대한 추천 영화가 있다. 〈호프 스프링스〉〈그레이의 50가지 그림자〉〈성판17〉 등이다.

이쯤에서 여성을 위한 미션을 준비했다. 첫 번째, 맨몸에 바바리를 입고 남편과 약속을 잡아 야외에서 만나는 것이다. 남편과 거리를 걷기도 하고, 자동차 안에 있다면 슬쩍 남편 손을 바바리 단추 사이로 가져가기도 한다. 귓속말로 '나 안에 아무것도 안 입었어'라고 하면 남편은 주변을 의식하면서도 당황과 설렘에 휩싸이고 동시에 벗은 아내의 몸을 상상하게 된다. 두 번째, 가슴골 사진을 남편에게 보내는 것이다. 이 미션을 받고 깜짝 놀라는 여성이 많다. 하지만 다양한 옷차림과 표정으로 과감히 실행해보자. 남편의 반응을 보면 입가에 미소가 가득 지어질 것이다.

공간을 바꾸는 것도 훌륭한 시각적 자극이 된다. 침대에서 벗어나 욕조로, 식탁으로, 바닥으로, 소파로 가보자. 벽에 기대도 된다. 아니면 호텔이나 자동차 안은 어떨까? 섹스는 침대 위에서만 해야 하는 스포츠가 아니다. 샤워실이나 욕조에서 함께 목욕을 할 때 서로를 씻겨주는 행위는 굉장히 자극적이나 이때 일상에서 쓰는 샤워젤보다는 페로몬 향기가 나는 샤워젤을 사용하여 서로의 몸을 닦아주면서 비벼보자.

시각이 아닌 청각 판타지를 자극하는 것도 좋다. 가장 쉬운 방법은 문자메시지로 야한 농담을 보내는 것이다. 직장에서, 지하철이나 공공장소에서, 혹은 친구와 함께 있을 때 파트너의 갑작스러운 도발을 받으면 흥분하게 된다.

- 주인님 보고 싶어요.
- 벌써 젖었어.
- 자기 대물이야.
- 내 입을 더럽혀줘.
- 내 손은 이미 팬티 안에 있어.
- 지금 내 팬티는 무슨 색이야.
- 나를 거칠게 다뤄줘.
- 당신이 거기가 먹고 싶어.
- 내 어디를 빨아줘.

잠깐! 오래된 연인이나 부부의 경우 이런 문자메시지를 보내라고 권하면 "어머, 못해요. 뭐라고 답장 올지 뻔하잖아요"라며 손사래를 친다. 예상되는 반응은 셋 중 하나다. "미쳤어?" "뭐 하는 짓이고?" "정신 차려라…." 이런 답장이 왔다고 해서 갑자기 기죽을 필요 없다. 이런 답장, 이미 훤히 예측하지 않았는가? 저

답장에 담긴 진심은 다음과 같다.

- 미쳤어? = 나 지금 놀랐어.

- 뭐 하는 짓이고? = 어떤 반응을 원해?

- 정신 차려라…. = 어찌 해야 할지 모르겠어.

특히 평소 무뚝뚝한 남편이라면 부부 사이에서의 의사소통에서 솔직한 감정을 드러내기 어색해한다. 상대의 말에 상처받지 말고 찰떡처럼 알아듣도록 하자. 그리고 뻔뻔한 자세로 한 번 더 시도하자. "자기가 좋아서 그러지!"

성적 단어를 말함으로써 흥분감을 높일 수도 있다. 피터 요나슨(Peter Jonason) 교수는 섹스 중 대화에 대해 연구했는데 조사 대상의 87퍼센트가 섹스 중 말을 한다고 대답했다. 다른 사람들은 과연 어떤 말을 하고 있을까? 또한 나와 내 파트너는 어떤 말을 사용하고 있는가? 한 번 떠올려보자.

1. 사랑 표현
· 사랑과 친밀감을 나타낸다.
· "사랑해." "아름다워." "섹시해."

2. 긍정적 피드백

· 만족감을 표현한다.

· 지금 하는(받는) 자극을 계속 이어가고 싶다는 의미가 포함된다.

· "자기 최고야!" "너무 좋아!" "흥분 돼!"

3. 복종

· 상대의 지배욕을 자극한다.

· "저를 마음대로 다뤄주세요." "원하는 대로 할게요" "저는 당신 거예요."

4. 지시

· 내가 원하는 것을 상대에게 표현하는 방법이다.

· "자세를 이렇게 해." "빨리 넣어줘." "더 세게!"

5. 성적 소유

· 상대에 대한 소유권을 확인하거나 표현하는 말이다.

· "네 가슴은 누구 거지?" "네 ××는 내 거야."

6. 감탄사

· 각종 감탄사가 사용되며 강렬한 느낌을 표현할 때 욕설이 쓰이기도 한다.

· 섹스 중 사용되는 욕은 "네가 나를 이렇게 흥분시켰어!"라는 좋은 의미

로 받아들일 수 있다.

· "…아!" "×발!" "이 ×자식!" "이 ××년!"

7. 성적 지배

· 상대를 지배하고 강압적으로 통제하는 듯한 말이다.

· "시키는 대로 해." "말대꾸하지 마." "내가 싸라고 할 때 싸."

8. 성적 판타지

· 서로의 성적 상상을 표현하는 말이다.

· "누가 우리를 지켜보고 있다고 생각해볼까?"

· "여기가 탈의실/병원이라고 상상해보자."

· "선생님 하지 마세요." (역할극 중의 대사)

나와 상대의 오르가슴을 위해 어느 말이 가장 자극적인지 오늘밤 실험해보자. 이런 말을 뱉기 어렵다면 화장실 거울을 보고 배우가 연기를 연습하듯이 목소리를 내어서 연습해보자. "나는 당신 거야!"라고.

청각보다 부담이 덜한 방법으로 촉감 자극도 있다. 다양한 재료로 몸의 감각을 느끼는 것이다. 예를 들어 실크가 머리에서부터 발끝까지 주르륵 미끄러져 내려오는 감촉은 말로 표현할 수 없는 흥분감을 준다. (어느 부부에게 이것을 추천했더니 남편이 침대 위에 꼭 스카프를 매어놓는다고 한다.) 아니면 아로마 오일을 이용해 애무의 품격을 높여도 좋다. 혹은 옷을 입고 섹스하는 것이 마음에 들 수도 있다. 옷 위로 만지는 섹스를 건식 섹스라고 하는데, 몸과 몸 사이에 있는 옷이 오히려 흥분을 자아내기도 한다. 조금 특별한 날에는 깃털, 얼음, 집게, 성인용품을 이용해도 좋다.

"××에 ×××를 넣고 싶다고? 미쳤구나?"

상대의 판타지가 내 기준에서는 즐거움을 느낄 수 있는 범위에서 벗어날 수도 있다. 대중 앞에서 노출하고 싶다거나, 낯선 사람이 입었던 속옷을 사고 싶다거나, 타인의 성관계를 실시간으로 보고 싶다는 식이다. 이런 판타지는 어떻게 받아들여야 할까? 심리학에서는 특정한 행동이 정상인지 묻지 않는다. 대신 그 행동이 누군가가 성숙한 인간으로 자라날 기회를 망치는지, 사회가 용인할 수 있는지를 확인한다. 만약 둘 사이에서 '정상'의 범위를 정하고 싶다면 이런 기준은 어떨까?

- 첫째, 두 사람 모두 즐길 수 있어야 한다.
- 둘째, 누구도 상처받지 않아야 한다.
- 셋째, 걱정이 없어야 한다.

이 기준을 통과했으면서 원하는 만큼 성욕을 채우는 행위라면 그것이 어떠한 형태이든 정상이라 할 수 있다. (알렉스 컴퍼트 《Sex of joy》 참고) 그럼 이제 함께 실천해볼 판타지를 찾아보자. 각각 종이를 한 장씩 준비한다. 종이를 반으로 접고 한쪽에는 자신이 좋아하는 것, 다른 한쪽에는 싫어하는 것을 적는다. 다 쓰고 나면 서로 주고받는다. 상대의 취향 중 내가 수용할 수 있는 항목에 동그라미를 쳐보자. (한 개도 없다고? 그렇다면 조금 더 성에 대해 공부해보기를 추천한다. 상담을 찾아와도 좋다.) 두 사람이 모두 수용할 수 있는 부분을 찾았으면 하나씩 실제 관계에 적용해보자. 이를 통해 우리는 관계를 나눌 때마다 새로운 사람을 만나는 듯한 경험을 하게 된다.

모든 대화를 마치고 나서 두 사람의 취향이 맞지 않는다는 사실을 알게 된 후 실망하는 경우도 있다. 그런데 성적 취향뿐 아니라 음식이나 음악 취향도 딱 맞기란 불가능하다. 그러니 슬퍼할 필요 없다. 또한 내 취향을 강요해서도 안 된다. "넌 짜장면이랑 짬뽕 중 뭐가 좋아?"라고 묻더니 "너는 왜 내가 좋아하는 짜

장면을 먹지 않아?"라고 다그친다면 당황스러울 것이다. 모든 사람에게는 자신만의 취향이 있고 그 취향은 나와 다를 수 있다. 틀린 것이 아니라 다른 것이다. '틀리다'라고 생각하면 "저 사람이 나를 사랑하지 않아. 나를 사랑하면 다 맞춰줘야지"라는 유아적인 사고로 발전하기 쉽다. 내가 혹시 이렇게 생각하고 있지 않은지 스스로 점검해보자.

성적 취향을 주제로 어느 부부와 상담했던 적이 있다. 두 사람은 취향이 맞지 않았고 섹스가 귀찮아진 아내는 매번 "다음에 하자"고만 말했다. 상담이 끝난 후 아내는 "남편이 항상 저를 기다리느라 얼마나 지쳤을지 이제야 알았어요"라고 말했고 남편은 "아내의 취향을 전혀 몰랐던 제가 부끄럽네요"라고 고백했다. 부부 상담을 하다 보면 한 가지 재미있는 점이 있다. 상담을 신청할 때는 배우자가 그렇게 밉고 싫다며 고민하지만, 상담이 마무리될 때쯤이면 한결같이 "이만한 사람 또 없어요"라고 말한다는 것이다. 어쩌면 우리는 사랑하는 마음이 그대로인데 잠시 멀어진 관계가 아닐까? 이럴 때는 조금의 노력만으로도 새로운 열정이 생기는 법이다.

여자의 섹스는 남자의 섹스와 다르다
— 여성 오르가슴

강약약 중강약약? 공식을 알려드립니다

"아내가 섹스를 거부해요." "아파해요." "건조해요." 이런 고민을 하는 경우 남성이 여성의 몸을 어떻게 대해야 하는지 모르는 경우가 매우 많았다. 한 남성은 "질 입구를 찾아서 넣으면 되잖아요?"라고 되묻기도 했다. 섹스에 대한 지식은 학력이나 상식과는 별개의 문제며, 사람마다 천차만별이다. 그러니 가장 기초부터 확인해보자.

1. 손 관리는 기본 중의 기본이다. 여성에 비해 남성은 피부관리에 관심이 적다. 기타를 치거나 현장에서 일하시는 남성의 경우 손이 거칠

어질 수 있는데 그 상태로 여성의 몸을 만지면 너무 아프고 힘들다. 빠른 시간 내에 손을 부드럽게 만들고 싶다면 수면 직전 손에 로션을 바르고 비닐장갑을 낀 채로 잠들기를 추천한다. 하룻밤이면 보송보송해진 손을 발견하게 된다.

2. 손톱은 반드시 짧게 깎아야 한다. 여성의 질은 점막으로 이루어져 있는 아주 연약한 구조다. 약한 터치에도 쉽게 상처 입을 수 있기에 손톱으로 긁어서는 안 된다. 또한 생식기 애무는 항상 천천히 부드럽게 해야 한다.

그럼 이제 본격적인 내용으로 들어가자. 앞에서 여성의 성감대에 대해 충분히 알아봤으니 이번에는 구체적인 자극 방법을 살피도록 하겠다. 우리 몸의 각 기관은 마음과 연결되어 있다. 생식기는 생명을 주관하는 곳이며, 새로운 탄생이 시작되는 곳이다. 성에 대한 죄의식, 임신과 육아에 대한 두려움 등은 골반 주변 근육이 경직되는 신체 반응으로 나타난다. 특히 여성은 사회적으로 성에 대한 억압을 받아왔기에 더욱 그럴 수 있다.

먼저 불안과 긴장으로 경직된 파트너의 골반 안쪽 근육을 풀어주도록 하자. 이 과정을 보통 '요니 마사지'라고 부른다. 준비물은 마사지 오일이다. 단, 차가운 오일은 몸의 긴장을 더하게 되니 따뜻한 온도로 준비하자. 여성의 음순부터 덥석 만지지 말고 외음부 전체를 따뜻하게 손으로 감싸준다. 여성은 기본적으로 성적 부끄러움이 많다는 사실을 이때도 잊지 말자. 낮에는 자기주장이 강한 여자라도 밤에는 수줍은 소녀다. (평소에 아내가 하는 잔소리에는 사랑받고 싶다는 본심이 숨어 있을지 모른다.)

대음순을 양손으로 모은다. 이때 중요한 것은 손가락으로 누르는 강도와 속도다. 처음에는 적당한 압력으로 누른 후 앞뒤로 살짝 당길 수 있다. 위아래로 문지르는 동작도 할 수 있다. 이때 살짝 압력을 주어서 손에 진동을 줄 수도 있다. 다음으로 대음순을 살짝 잡아당긴다. 당긴다는 표현보다는 살짝 '늘린다'는 느낌이다. 이곳은 항상 팬티 속에 숨어 있기만 했지 손으로 만져진 경험이 거의 없기에 조금만 마사지해주어도 뭉쳐 있던 근육이 풀리게 된다. 이번에는 도레미파솔 하고 피아노를 치듯이 대음순을 손가락 하나하나로 눌러준다. 손가락에 적당한 압력을 가해 대음순을 풀어준다. 이때 혼자 신나서 피아노를 치지 말고 내 손끝의 감각과 상대의 반응에 집중하자. 연주하는 것은 남성이지만 소리를 내는 것은 여성일 것이다. 그녀의 목소리를 음미해보자.

이제 음순 주변에 원을 그린다. 우리가 긴장할 때면 자신도 모르게 생식기에 힘을 준다는 사실을 아는가? 섹스할 때도 그렇다. 남성이 관계를 하자고 하면 자기도 모르게 생식기에 힘을 주는 여성이 있다. 그녀가 편안하게 느끼도록 원을 그리면서 풀어주자. 소음순도 대음순과 마찬가지로 살짝 당겨준다. 당길 때 상대와 소통을 통해서 적당한 압력과 유지 시간을 알아간다.

음핵으로 이동하자. 손가락으로 음핵 전체를 잡아준다. 잡아서 위로 살짝 당기고 아래로 눌러준다. 다음 살살 좌우로 흔들어준다. 8,000개의 신경선이 흐르는 이곳을 만지면 여성이 움찔거리는 모습을 볼 수 있다. 손가락으로 음핵을 꼬집듯이 잡아도 좋다. 두 손가락으로 살살 비벼보기도 한다. 더욱 강렬한 자극을 여성이 느낄 것이다. 이제 두 번째 손가락으로 음핵을 지그시 누른 후 좌우로 문지른다. 워낙 예민한 부분이라 무턱대고 강하게 하면 큰일난다. 처음은 약하게 시작해서 조금씩 압력을 높인다. 1~3분 정도 지속한다.

다음으로 회음부를 원을 그리며 풀어준다. 특히 이 부분은 내 몸을 지지하는 가장 아랫부분이다. 원 그리기, 진동 주기, 누르기의 세 가지 기본 동작으로 이완시킨다. 이제 질 입구와 질 안쪽을 터치하도록 하겠다. 많은 여성이 질 속은 아무 느낌이 나지 않는다고 말하는 경우가 많다. 그런데 신체 어느 부위든 알맞은 터치를 해야 그에 맞는 느낌을 받을 수 있을 것이다. 그런데 대부분의 남성이 야동에서 보던 무자비하게 빠르게 강한 자극을 주려고 한다. 아픔을 경험한 질은 감각을 차단하려고 한다. 그러니 우리는 반대로 해야 한다. '괜찮아. 놀랐지? 미안해'라면서 닫혀 있는 질의 감각을 깨워보자. '강약약 중강약약'이 아니라 여성을 즐겁게 만드는 진짜 공식이다.

1. 음핵과 음순 애무를 하고 나서 질 속으로 들어가야 한다. 전희 없이 쑥 들이밀면 아무런 느낌이 나지 않는다.
2. 손가락을 손톱만큼만 넣어서 질 입구를 풀어준다. 살짝 힘을 주어서 원을 그리고 문지르는 동작을 반복한다.
3. 이제 손가락 한 마디를 넣고 시계방향으로 누르면서 마사지한다. 이때 주의 사항은 '훅' 넣는 것이 아니라 여성과 함께 호흡하면서 넣는 것이다. 여성이 숨을 들이쉬고 내쉴 때, 즉 질 입구를 이완할 때 손가락을 안으로 삽입한다. (음경 삽입도 마찬가지다. 여성이 숨을 들이쉬고 내쉬면서 질 입구가 이완될 때 음경이 들어가야 한다.)

여성이 하늘을 보고 누웠을 경우 12시 방향으로 지스팟 부위가 만져지기도 하지만, 아직은 아무 느낌이 나지 않을 수 있다. 일단 지스팟 찾는 방법을 살펴보자. 질 안쪽에 손가락을 한두 마디 정도 부드럽게 삽입한다. 그리고 배꼽 쪽으로 손가락을 구부린다. 호두 크기의 해면체 조직이 느껴진다면 그곳이 지스팟이다. 여성의 지스팟 위치는 다양하다. 그리고 지스팟이 꼭 12시

방향이 아닌 다양한 방향에서 존재하며 그 위치가 변하기도 한다. 여성의 반응을 살피는 것도 중요하다. 여성이 아무 느낌을 받지 못하며 '나는 성감이 없나봐'라고 걱정할 수 있다. 괜찮다. 내가 비정상인 것이 아니라 그 부분이 나의 성감대가 아닐 뿐이다. 지스팟은 여전히 존재부터 위치까지 확실히 밝혀지지 않은 곳임을 기억하자.

만약 지스팟을 찾았다면 어떻게 공략해야 할까? 우선, 몸이 흥분하지 않으면 지스팟을 만날 수 없다. 주요 성감대를 만져서 자극하는 것만으로 흥분 상태를 만드는 것은 쉬운 일이 아니다. 스트레스 없는 편안한 상태에서 방해받지 않을 조용한 장소를 찾고, 촛불이나 음악, 향기로 분위기를 만든 후에 성감대를 자극하기 위해 터치하고 대화해야 한다.

다음으로 손가락이 배꼽 방향을 향하게 하여 터치를 시작한다. 푸딩을 숟가락으로 누를 때 흔들리는 모습을 떠올리며 떨림을 준다. 많은 여성이 지스팟으로 느끼지 못하는 이유는 너무 강하게 자극했기 때문이다. 깃털과 같은 터치로 시작해서 느낌이 온다 싶을 때 강도를 변경하자.

이번에는 톡톡 가볍게 두드려준다. 1~2번 하고 마는 것이 아니라 20초 이상 두르리는 것이 중요하다. 애무받는 여성이 가장 아쉬워하는 것이 무엇인지 아는가? '아, 거기 더해줬으면…'

이다. 잊지 말자. 손가락을 움직여도 좋다. '이리 와, 이리 와' 하고 손가락을 까닥거리듯이 움직이는 것이다. 한 번에 정확한 부분을 찾기란 어렵다. 지도 한 장 들고 보물을 찾듯이 여러 번 시행착오를 해서 최고의 지점을 찾아내기 바란다.

• 추가 테크닉

샌드위치 기술이다. 여성의 지스팟에 충분한 자극이 가지 않는다면 반대편에서 눌러준다. 손가락이 지스팟을 자극하고 있는 상태에서 반대손으로 치골 위 배를 누른다. 이렇게 하면 평소보다 더 많은 자극을 느낄 수 있다.

앤드(and, 그리고) 기술도 있다. 한 손으로는 음핵을 자극하며 다른 한손으로는 지스팟을 애무하는 것이다.

손가락의 개수를 더해도 좋다. 여성에게 맞는 강도를 찾을 수 있도록 손가락 수를 늘려보자.

스쿼팅, 시오후키, 여성 사정

남성이 가장 궁금해하는 기술 중 하나는 여성을 사정하게 만드는 방법이다. "내 여자에게 최고의 흥분을 주고 싶다"는 마음과 "내 여자가 사정하는 것을 보면 나도 흥분될 것이다"는 마음이 더해진 결과다. 여성 사정은 스쿼팅이나 시오후키라고 부르기도 한다. 한편 여성 스스로 "내가 사정을 한다고? 사정은 남자가 하는 것 아닌가?"라며 의아해하기도 한다. 여성 사정을 강의하고 나면 다음과 같은 후기를 들을 수 있다.

"내 안에서 이렇게 많은 물이 나온다는 게 신기해요."
"수건 두세 개는 적셨는걸요. 남편이 보면서 더 흥분하는 모습이었어요."
"신체적으로 강렬한 느낌이 다가왔어요. 조절할 수가 없었어요."
"몸이 가벼워지는 경험이었어요."
"오르가슴과는 다른 느낌이지만 분출 시 개운한 느낌을 경험했어요."

여성 사정을 이해하려면 스케네샘(skene's gland)에 대해 알아야 한다. 스케내샘은 여성의 요도 하단, 외음부 입구 주변에 있다. 지스팟 부분을 자극하면 바로 위에 있는 스케네샘을 자극하게 되며, 스케네샘이 질 내벽에 있는 것은 아니므로 직접 자극할 수는 없다. 여성 사정을 보면 굉장히 많은 양의 물이 나오는데 소변이 아닌지 궁금해하기도 한다. 아직 소변이냐, 여성 사정액이냐 하는 부분은 의견이 분분하다. 하지만 경험자의 후기를 들어보면 무색무취로 소변과는 다르다고 말한다.

한편 에마누엘레 자니니(Emanuele Jannini) 교수에 따르면 일부 여성에게는 스케네샘이 없다고 한다. 그러니 누구나 여성 사정을 할 수 있는 것은 아니다. 사정하지 못했다거나, 사정했지만 즐겁지 않았다고 해서 걱정하지 말자. 혼자만의 경험이 아니다. 때로는 남성이 여성 사정에 대한 성적 판타지를 가지고 있는 경우가 있다. 그런데 여성 입장에서 파트너와 함께하는 섹스로는 사정감을 깨닫기 어려울 수 있다. 이럴 때는 여성이 자위하면서 사정을 경험하는 것이 좋다. 혼자 느껴본 후에는 함께 느끼는 것이 수월해진다.

남성이 여성 파트너에게 사정감을 주고 싶다면 우선 앞에서 배운 지스팟 자극을 시도한다. 그리고 스케네샘을 자극하기 위해서 손바닥 전체를 외음부에 밀착해야 한다. 손을 쫙 편 상태에서 셋째손가락과 넷째손가락만 접어보자. 바로 그 모양이다. 펴진 손가락으로는 외음부를 받쳐주고 구부린 셋째와 넷째 손가락은 질에 넣는다. 넣고 흔드는 느낌으로 지스팟 부위에 진동을 준다.

- 누르는 강도 및 속도: 여성 사정은 강한 자극을 원할 수 있다.

- 지속성: 10분 이상의 자극이 필요할 수 있다. 자극하다 말고 중간에 쉬거나 방향을 바꾸는 것은 자극을 새로 시작하는 것과 같다. 일관된 방법이 중요하다.

여성이 흥분하면 스케네샘이 부풀고 커져서 지스팟이 민감해진다. 소변이 마려운 느낌이 들기도 하는데, 이것은 스케네샘과 방광이 가까이 있고 스케네샘이 부풀면 방광에 압력이 가해지기 때문이다. 따라서 오줌을 누는 느낌을 피할 수는 없다. 남성은 분출이 시작되어도 손을 빼지 말고 같은 동작을 유지하자. 여성은 질 안과 밖의 자극이 함께하도록 골반저근육을 이용해서 조이고 풀기를 반복한다.

혹시 지스팟이 잘 느껴지지 않는가? 그곳은 여성의 유일한 성감대가 아니다. 그러니 또 다른 민감한 성감대인 에이스팟을 향해보자. 지스팟의 유명세에 밀려 잘 모르는 경우가 많은데, 에이스팟은 질 뒤쪽, 자궁경부 위쪽에 위치한다. 에이스팟은 삽입 각도와 깊이에 따라 자극하는 것이 중요하다.

우리는 때로 깊은 삽입이 좋아하다가도 거북하게 느끼기도 한다. 왜 이런 반응이 나타날까? 다른 조건이 같다는 전제하에 답하자면, 여성의 생리주기에 따라 자궁경부의 위치가 변하기 때문이다. 자궁경부는 생리 기간에 질 쪽으로 내려온다. 이 기간에는 깊이 삽입하면 통증을 느낄 수 있다. 반대로 배란기에는 자궁경부가 자궁 쪽으로 올라가니 깊은 삽입이 편안할 수 있다. (하지만 자궁 경부의 위치와 상관없이 너무 거칠게 피스톤 운동을 하면 아픔을 느낄 수도 있다.)

그렇다면 에이스팟을 자극하기 좋은 체위는 무엇일까? 첫 번째, 카우걸 자세다. 여성 상위 자세로, 남성은 아래에 눕고 여성이 남성의 위에서 다리를 벌리고 무릎을 꿇은 채 걸터앉는다. (푹 앉으면 무거우니 무릎에 무게를 분산한다.) 여성 몸의 각도와 엉덩이 위치로 삽입 깊이를 조절할 수 있다. 여성의 손은 편안하게 남성의 어깨나 무릎을 잡는다. 남성은 여성이 움직임을 어려워할 수 있으므로 손으로 여성의 엉덩이를 움직여준다. 이때 손으로 여성의 음핵이나 가슴을 자극할 수도 있다.

두 번째, 후배위 자세가 있다. 여성은 몸을 디귿 자로 엎드리고 남성은 무릎을 꿇고 여성 엉덩이 뒤에서 삽입한다. 여성은 골반을 움직이면서 삽입 각도와 깊이를 조절하는데, 이때 피스톤 운동에 리듬을 맞춘다. 남성은 여성의 뒤에서 등과 엉덩이를 애무할 수 있는 절호의 기회다. 이때 부드러운 감각으로 터치하거나 거칠게 엉덩이를 때려도 된다. 강렬한 섹스를 좋아한다면 여성의 어깨나 목을 강하게 끌어당길 수 있다.

세 번째, 후배위 변형 자세다. 여성은 이마를 바닥에 편안히 가져다 댄다. 손은 자신의 허벅지를 감싼다. 이때 느낌이 좋은 삽입 각도를 찾는 시도를 한다. 남성은 여성을 백허그하는 상태에서 여성이 두 손을 바닥에 짚는다. (요가에서의 다운독 자세) 편안한 자세를 위해 여성은 다리를 오므리거나 벌릴 수 있다. 남성의 지배감을 맛볼 수 있는 자세다.

마지막으로 여성이 바닥에 눕는 정상위 자세에서 여성의 다리를 남성의 어깨에 걸친다. 이 자세는 여성의 유연성이 필요하다. 만약 남성의 음경이 큰 편이라면 깊은 삽입에 통증을 느낄 수도 있다.

수많은 여성이 찾고 있는 '오 선생'

이번에는 오르가슴을 느끼는 방법에 대해 알아보자. 여성이 많은 온라인 커뮤니티에 들어가 보면 '저도 오 선생을 만나고 싶어요' '오 선생님은 어떻게 뵙나요?'라는 글이 큰 호응을 얻고 있다. 오 선생이란 오르가슴을 귀엽게 돌려 말하는 것이다. 남성은 자위하며 사정을 통해 오르가슴 느끼는 법을 잘 알고 있다. 그런데 여성은 성생활을 오래 해온 이들도 오르가슴을 한 번도 느끼지 못했다는 경우가 많다. 오르가슴을 경험하지 못하는 여성의 특징은 다음과 같다.

- 스트레스에 예민하다.
- 오르가슴을 느껴야 한다는 강박감을 가지고 있다.
- 오르가슴을 느끼지 못하는 자신에 대한 불안이 있다.
- 오르가슴을 느끼지 못해서 상대에게 미안해한다.
- 부정적인 과거의 경험이 오르가슴을 방해할 수 있다.

오르가슴을 느끼기 위해서는 여러 기법을 이용해야 한다. 지금까지 아무 생각 없이 피스톤 운동을 하였다면 이제는 앞에서 배운 성감대를 떠올리며 지스팟과 에이스팟이 잘 자극되고 있는지 확인해야 한다. 또한 깊은 삽입이 여성에게 즐거움을 준다는 편견이 있다. 일부 여성은 깊은 삽입으로 오르가슴을 느끼지만 대부분의 여성은 손가락 한 마디 정도의 삽입으로도 충분하다. 여기서 두 가지 삽입 방법을 소개하겠다.

1. 구천일심(九淺一深): 9번 얕게 삽입하고 1번 깊게 삽입한다.
2. 약입강출(弱入强出): 약하게 삽입하고 세게 나온다.

음경으로 여성의 외음부와 질 입구를 자극할 때는 음경이 손가락이라고 생각하고 톡톡 터치하면 된다. 삽입한 후에는 골반과 허리 움직임을 이용해 음경으로 질벽을 긁는다.

- 삽질: 음경 귀두 부분을 위에서 아래쪽으로 삽입한 후 질 윗벽에 닿게 한다.
- 도끼질: 음경 귀두를 질 입구 윗부분에서 질 입구 아랫부분으로 도끼질하듯이 살며시 내리친다. 들어갔다 나가는 동작이 아닌 위아래로 움직이는 동작이다.
- 톡톡톡: 음경 귀두로 질 입구를 톡톡톡 두드린다. 많은 여성이 질 입구에 성감대가 몰려 있기에 굉장히 좋은 느낌을 경험한다.
- 얕은 삽입: 귀두 부분까지만 피스톤 운동을 한다. 질 안쪽에서는 남성의 귀두가 언제 들어올지 애타고 있을 것이다.

참고로 이런 동작을 할 때 남성은 '이렇게 하다가 발기가 죽을까봐 걱정되요'라고 한다. 강한 자극에만 길들었기 때문이다. 그렇다면 이번 기회에 서로 다른 감각을 깨워보자. 또한 깊이 삽입하고 싶은 욕구가 치솟을 수도 있다. 입구에서만 머물러본 경험이 없다면 더욱 이런 생각이 든다. 그래도 여유로운 마음으로 질 입구에서의 성감과 탄력감을 즐겨보자. 어떤 속도가 좋을지 묻기도 한다. 이것은 두 사람의 성향에 달려 있다. 그녀는 거칠고 강렬한 섹스를 선호하는가? 아니면 부드럽고 사랑스러운 섹스를 좋아하는가? 처음에는 천천히 시작하면서 두 가지 속도를 적절하게 섞으며 즐기는 것이 최고다. 리듬을 느끼며 나와 너의 속도를 만나보자.

낮에는 강한 여성도 밤에는 이런 자세를 취하는 것이 부끄럽거나 수치스러울 수 있으니 조명과 편안한 분위기, 그리고 예쁘다는 말로 그녀의 마음을 녹여보자. 기본적으로 방법은 지스팟 공략과 동일한데 자궁경부를 만지는 손끝의 감각을 아는 것이 핵심이다. 바늘구멍 같은 것이 살짝 느껴진다면 그곳이다. 이 부분은 닫혀 있는 신체 기관이기에 손가락 느낌으로 찾는 것이 중요하다. 이곳을 찾았다면 이제는 진동을 주거나 두드려본다. 자궁경부를 통해 여성은 또 다른 흥분감을 느낄 수 있다.

사랑한다는 말은 몸으로 하세요

―― 남성 오르가슴

내 남자 꼼짝 못하게 하는 손기술

여성의 오르가슴을 위한 스킬을 배웠으니 이번에는 남성의 오르가슴을 위한 스킬을 알아보자. 남성의 성감대에 대한 소개는 앞에서 마쳤다. 그럼 그 부위를 어떻게 만져야 하는지, 손으로 하는 음경 터치 안내도를 그려보자. 이 안내도를 옆에 놓고 실제 파트너에게 시도해보면 더욱 좋다. 실제로 수업 시간에 한두 개의 기술밖에 외우지 못하겠다고 하던 여성이 집에 돌아가 가이드를 펼쳐놓고 남편에게 시험해보자 남편이 "이거 좋네. 그건 아니야. 아니, 좀 더 강하게… 음 그거 좋아"라고 반응했다며 기뻐하던 모습이 떠오른다.

준비 사항은 남성에게 하는 조언과 같다. 첫째, 손을 부드럽게 할 것. 둘째, 애무할 때 속도와 강도, 그리고 압력을 잘 조절해줄 것. 애무 중에 어떤 패턴이 효과적인지 감을 잡았다면 어느 정도 지속 시간을 유지하는 것도 잊지 말아야 한다.

손 전체를 이용해 남성의 몸에 오일을 발라준다. 이때 오일이 차가우면 놀라게 되니 따뜻한 오일을 준비한다. 크고 오목한 그릇에 물을 담고 촛불을 이용해 은은하게 데운다. 오일은 조금 작은 그릇에 담아 중탕한다. 이렇게 하면 오일이 식지 않아 애무 중간중간 추가해 사용할 수 있다.

1. 한 손으로 음경 기둥 뿌리를 잡고 다른 손으로 위로 쓸어올린다. 음경 아랫부분에 성감대가 많다는 사실을 기억하자.
2. 엄지손가락을 이용해서 아랫부분부터 꾹꾹 누른다.
3. 점차 귀두로 이동하는데, 작은 원을 그리면서 한 지점, 한 지점 위로 올라간다.
4. 한 손으로 음경 기둥 뿌리를 잡고 다른 손으로 귀두 쪽을 잡는다. 그리고 시계방향으로 음경을 돌려보자. 음경이 꺾일 정도로 강하게 돌리면 큰일난다. 부드럽게 천천히 돌리도록 하자.
5. 손을 번갈아 가면서 쓸어올린다. 엄지와 검지 사이의 손아귀에 살짝

힘을 준다.

음경의 크기를 커지게 하는 젤크 운동이라는 행동요법이 있다. 이번에는 그 요법을 응용해 애무해보자. 남성의 오르가슴을 노릴 수 있을 뿐만 아니라 지속적으로 반복할 경우 발기력을 향상시킬 수 있다. 기본적인 방법은 양손을 번갈아서 위로 쭉쭉 올려주는 것이다.

1. 음경의 옆면을 두 손으로 움켜쥐고 위로 쓸어올린다. 쭉쭉 번갈아서 위로 올려준다. 음경의 각 구간(뿌리, 기둥, 귀두)마다 1~3분 정도는 머무른다.

2. 음경 위아래를 양손으로 잡는다. 두 손을 만났다 헤어졌다 하면서 손에서 느껴지는 음경의 느낌에 집중한다.

3. 나뭇가지로 불을 피우듯이 음경을 양손 사이에 두고 비벼준다. 강하게 비비면 남자도 당연히 아프다. 살살 비비자. 이때 위아래로 움직여가면서 자극 지점을 찾으면 좋다.

4. 양손으로 음경을 빨래 짜듯이 비틀어본다. 역시 강하게 비틀면 위험하다. 손의 힘이 아닌 손목의 스냅을 이용해서 가볍게 시도하자.

음경에 조금 더 강한 압력을 주고 싶다면 양손을 포개고 그 사이에 음경을 넣어보자. 그 후에 위아래로 움직여준다. 전체적으로 움직일 수도 있고 귀두 부위만 움직일 수도 있다. 다양한 즐거움을 선물하라.

1. 기도하듯 손을 모으고 사이에 음경을 끼운다.
2. 엄지손가락만 펴서 음경 아랫부분과 귀두선을 자극한다. 엄지손가락을 얼마나 펴는가, 얼마나 힘을 주는가에 따라 다양한 자극이 가능하다.

이제 귀두선을 애무해보자. 나는 수업 시간에 귀두선을 '아이 좋아 지점'이라고 부른다. 여성의 음핵에 해당하는 이곳은 남성에게 정말 '좋은' 느낌을 준다. 엄지를 이용해서 원을 그리며 이 지점을 자극해보라. 속도는 빠를 수도, 느릴 수도 있다. 그의 표정과 눈빛 그리고 신음에 집중하자.

1. 페트병을 상상해보자. 그의 음경 기둥은 페트병이고 귀두는 뚜껑이다. 그럼 뚜껑을 돌려서 딸 때처럼 양손으로 기둥과 귀두를 잡는다. 그 상태에서 귀두선 부분을 돌려서 자극한다.
2. 이때 손가락이 아닌 손목의 스냅을 이용하자. 손가락 힘으로만 만지면 여성이 금방 피로해진다.

3. 손 전체로 귀두를 잡고 돌려준다. 조금 빠르게, 그리고 느리게 반복
한다.

음낭으로 넘어가도록 하자. 음낭은 고환을 보호하는 주머니
인데 이곳 역시 남성의 기분을 좋게 만들어줄 수 있다.

1. 음낭 표피를 손으로 살살 꼬집듯이 당긴다. 그런데 TV나 영화를 보
면 음낭을 걷어차인 남성이 죽을 듯이 아파하는 장면을 본 적 있을
것이다. 그만큼 음낭은 섬세하게 살살 다뤄야 한다.
2. 한 손으로는 음낭을, 다른 손으로는 귀두를 잡고 흔들어준다. 약간씩
흔들림을 주면서 진동을 느끼게 하는 것이다. 흔들림을 통해 흥분이
쌓여서 높아진다.
3. 쓸어올리는 동작을 해보자. 아까는 음경에서부터 귀두까지를 쓸어
올렸다면 이제는 음낭에서부터 끝까지 쓸어올린다. 두 부위를 함께
자극하기에 흥분감이 배가 된다.
4. 엄지와 검지를 사용하여 두 개의 고환을 돌려준다. 살살 돌려주면서
부드럽게 떨림을 전달해준다. 흥분감이 음낭에서 음경으로, 다시 골
반 전체로 퍼지게 된다.

전립선 오르가슴이라고 들어보았는가? 전립선은 남성의 회

105

음부 안쪽에 있는데 직접 만질 수는 없지만 전립선 근처 부위를 통해 간접적으로 자극할 수는 있다. 전립선은 회음부를 통해 자극하거나 항문을 통해 자극하면 된다. 한두 개의 손가락으로 적당한 압력을 주어서 눌러보자. 이번에는 회음부에 원을 그리는데, 뭉친 것을 풀어주겠다는 느낌이 아니라 피부 표면을 부드럽게 자극한다는 느낌으로 접근해보자. 강약중강약, 다양한 압력과 속도로 나만의 애무 방법을 찾아본다.

항문을 통한 애무 방법은 여성의 질 애무 방법과 동일하다. 항문 깊이 애무하기가 부담스럽다면 항문 주변을 애무해도 된다. 먼저 준비 사항이 있다.

- 냄새가 나기 쉬운 곳이므로 샤워를 한다.
- 항문은 연약한 곳이니 손톱도 정리한다.
- 편안한 자세로 실시한다.
- 항문에는 자체적인 윤활제가 없다. 오일 사용은 필수다.

항문을 애무할 때는 남성이 한쪽 다리를 구부리고 엎드리거나 몸을 디귿자로 만들어 엉덩이를 노출해주는 것이 좋다. 여성은 남성의 엉덩이 뒤에서 손으로 만진다. 엉덩이골을 손날로 쓸어내려보자. 양손을 번갈아 사용하면 좋다. 닿을 듯 말듯 가벼운

1장 죽기 전에 한 번만 느낄 수 있다면

터치가 묘한 감각을 선물한다. 다음으로 엄지손가락을 펴서 항문 주위에 작은 원을 그린다. 남성이 360도 부드러운 자극을 느낄 것이다. 이제 손가락으로 항문 부위에 떨림을 주자. 항문의 진동감이 엉덩이 안쪽 깊은 곳으로 퍼지게 된다. 항문 입구가 풀어졌다면 살짝 항문 안으로 들어가도 된다. 한 번에 쑥 넣으면 쾌감이 아니라 통증이 심하게 올 수 있으니 톡톡톡 두드리며 접근하자.

남자의 어깨에서 섹스라는 짐을 덜어주기

혹시 열심히 애무했는데 남성의 음경이 여전히 누워있는가? 이런 경우 많은 여성이 어떻게 해야 할지 몰라 당황스러워한다. 애무는 세우기 위해 하는 것이 아니라 서로의 몸으로 유희하기 위해 하는 것이다. 그러니 너무 걱정하지 않기를 바란다. 남성 애무에 대한 팁을 하나 주자면 남성이 긴장하지 않고 스트레스를 받지 않는 상태가 되도록 해야 한다. 스트레스를 받는 상황에서는 코티솔(Cortisol) 호르몬이 분비되어 성욕이 생기지 않는다. 그리고 여성만큼이나 남성도 분위기를 탄다. 방문 밖에서 아이가 놀고 있다고 생각하면 벌떡 서다가도 죽는다. 부부에게는 방해받지 않는 시간과 공간이 필요한 이유다. (불안한 상황에서는 여성도 손기술에 집중할 수가 없다.)

또한 손바닥 가운데에는 노궁이라는 사랑의 혈자리가 있다. 여성은 남성을 애무할 때 손길에 사랑을 담아서 보내주자. 만약 남편이 사고를 쳐서 얼굴만 봐도 밉다면, 반대로 내가 직장에서 깨져 기분이 별로라면 어떻게 할까? 기분이 나쁠 때는 이런 애무를 하지 않는 편이 부부 사이에 더 도움이 된다. 성관계 역시 인간관계의 일부이며 연장이다. 일상적 친밀함이 없는 부부가 침대 위에서만 궁합을 맞출 수는 없는 노릇이다.

한편 애무를 계속하다 보면 남성이 사정감을 느낄 수 있다. 이때 남성은 심호흡으로 사정감을 잠시 참아본다. 여성이 귀두 아랫부분을 손으로 꼭 눌러서 사정감을 낮춰줄 수도 있다. 물론 전체 터치가 다 끝나가는 상황이라면 시원하게 사정해도 된다. 반대로, 좋은 느낌을 주고 싶은데 처음부터 마음대로 되지 않을지도 모른다. 이럴 때는 실전을 대비해 도구를 이용해서 연습하는 것도 권장한다. 여성은 바나나와 오이를 가지고, 남성은 귤이나 푸딩을 가지고 놀아보자.

성관계를 잘한다는 것은 단지 기술만으로 되지 않는 영역이다. 여성은 사회적으로 순수함과 순결함을 강요받았듯이 남성은 강함을 강요받는다. 남성은 자신의 감정을 솔직하게 표현하기를 어려워하며 특히 자신의 성적 약점을 상대에게 보여주면 절대 안 된다고 생각한다. (뽀빠이 아저씨는 울지 않는다!) 만약 남성이 스스로 밝히지 않은 성적 약점을 타인이 들쑤시면 역린을 건드리는 꼴이 되며, 대부분의 남성은 자신의 약점을 회피하려고 한다. 겉으로는 '강한 남자' '오래 하는 남자'라고 뽐내지만 내면에서는 '발기가 안 되면 어쩌지?' '빨리 싸면 어쩌지?' '내 크기에 실망하면 어쩌지?'라며 안절부절못하는 것이 남자다.

단단한 몸속에 여린 마음을 숨기고 있는 내 남자를 위해서 최종 단계로 넘어가보자. 바로 왕 대접의 끝판왕! 사정하는 곳을 선택하게 하는 것이다. 남자는 질이 아닌 다른 곳에 사정하고 싶은 심리를 가지고 있다. 우선 여성이 사정을 받는 자세가 에로틱하며 여성의 복종적인 태도를 볼 수 있다. 남자라는 동물은 섹스할 때 지배적인 역할을 하고 싶어 한다. 포르노 영상에서 보았던 것을 나도 해보고 싶은 마음도 있다. 그럼 질이 아닌 어디에 사정할 수 있지 알아보자.

- 입싸: 입안에 사정하는 것이다. 남자가 입으로 다가가면 여성은 정액을 어떻게 해야 할지 당황할 수 있다. 남성 입장에서 여성이 자신의 정액을 삼켜주면 몹시 아름답게 느껴진다고 하지만, 올바른 방법이란 없으니 개인 취향에 따라 뱉든 삼키든 자유롭게 고르자. (입싸에 대

해서는 잠시 후 더 자세히 다루도록 하겠다.)

- 손싸: 손으로 마무리하는 것이다. 이때 정액이 나오는 순간 바로 손을 놓지 않는다. 오르가슴이 온몸에 퍼지도록, 아주 부드럽게 천천히 음경 전체로 느낌을 퍼트려준다. 음경에 묻는 정액을 물티슈로 직접 닦아주면 사랑받는 느낌이 배가 된다.
- 얼싸: 포르노의 영향으로 얼굴에 사정하는 것을 판타지로 생각하는 남성이 많다. 엄청나게 복종적이고 강렬한 경험이 될 수 있다. 단, 파트너가 내 얼굴에 사정하는 것이 싫은 여자도 있으니 그렇다면 거부 의사를 분명히 밝혀라.

사람이 불행해지는 이유는 상대가 이해하지 못하는 방식으로 사랑을 표현하기 때문이라고 찰리 아조파르디(Charles Azzopardi)가 말했다. 우리는 여러 가지 사랑 표현법을 배웠다. 이 방법을 상대도 원하고 있는지, 나는 상대가 이해할 수 있는 방법으로 사랑을 표현하고 있는지 점검해보자. 또한 상대가 나를 어떻게 사랑해주기 바라는지도 정확히 알고 이야기해야 한다. 나의 섹스 기술에 파트너가 황홀함을 느낄 수도 있지만 불안감을 경험할 수도 있다는 사실, 절대 잊지 말자.

백이면 백, 천이면 천이 다 다른 성욕을 가지고 있다. 그러니 내 파트너의 성욕을 알아보는 것은 무척 중요하다. 사람마다 전부 다른 성욕을 어떻게 알아낼 수 있을까? "보통은 이렇습니다"라고 평균을 내어서 알려드리기는 하겠지만, 그건 평균이라나의 파트너와 딱 맞지 않을지 모른다. 그러니 가장 좋은 방법은 파트너에게 직접 묻는 것이다. 그러려면 파트너와 성적 대화를 편히 나눌 수 있어야 한다. "나 여기를 만지니깐 기분이 좋아." "나 거기는 아무 느낌이 나지 않아." "그래, 거기! 거기가 딱 좋아!" 이런 대화 말이다.

등이 간지러울 때 "아무 데나 대충 긁어줘"라고 하지 않는다. "위에… 조금 아래… 아니 왼쪽으로 조금만!" 성감대를 찾는 것은 이렇게 가려운 곳을 찾는 것과 비슷하다. 그리고 성감대를 애무하는 방법도 마찬가지다. "등을 살살 긁어줘. 그건 너무 약해. 조금 세게… 아니 손톱으로 박박 긁어줘!" 이렇게 말하듯이 어디를 어떻게 해달라고 정확히 말해야 한다.

부부 혹은 연인이라고 해서 이런 대화를 처음부터 할 수 있는 것은 아니다. 부끄러워하지 말고 시작해야 한다. 어쩌면 파트너가 이런 대화를 나누는 것에 동의하지 않을지도 모른다. 최대한 편안한 분위기를 잡고 진도를 나가는 것이 중요하다.

오늘은 삽입이 부담스럽다면
— 구강성교

질이 쉬고 싶은 날도 있잖아요

어느 중년 부부가 있었다. 수십 년째 결혼생활 중이지만 여전히 애틋하고 다정했으며 서로를 위하는 섹스를 즐겼다. 문제는 딱 한 가지였다. 갱년기를 맞은 아내의 질이 점점 건조해진다는 것이었다. 애액이 부족하면 질이 건조해지고, 그럼 삽입 후 피스톤 운동을 할 때 무척 쓰라리거나 찢어지는 듯한 고통을 느낄 수 있다.

30대 초반 연아 씨도 삽입을 하려고 하면 질이 건조하고 아프다. (이를 질 경련이라고 한다.) 매주 한 번은 하고 싶다는 남편과 싸우던 중 연아 씨는 남편에게 폭탄선언을 들었다. "난 이 결혼생활을 다시 생각해봐야겠어! 이렇게는 못 살아!" 연아 씨는 "정말 힘들어요. 남편이 하고 싶다고 하면 또 거절해야 할까요? 삽입만 아니면 좋겠는데…"라고 했다.

질이 건조할 때, 혹은 질 경련과 같은 어려움이 있을 때는 근본 원인을 해결하는 것이 가장 우선이다. 섹스에 대한 부정적 인식을 없애본다거나 애무하는 방식을 바꿔본다거나 하는 것 말이다. 그런데 배우자와의 사이가 좋은 경우, 이렇게 말하기도 한다. "상대가 힘들어하는 모습을 보니 일단 함께 해결해주고 싶어요. 방법이 없을까요?" 섹스는 질과 음경의 결합이 아닌 몸과 몸의 대화다. '삽입만 아니면 좋겠는데'라고 생각한다면 삽입 외 섹스를 권한다. 연아 씨에게도 "입이나 손, 다른 부위로 하는 건 어떠세요?"라고 묻자 이렇게 답했다. "그건 애무 아닌가요? 그걸로 해결된다면 매일도 해줄 수 있는데요."

누군가에게는 질에 삽입하지 않는 섹스가 익숙할 수도 있지만, 누군가에게는 '어떻게 가능하지?'라는 의문이 들 수도 있다. 게다가 "여성의 질에 삽입이 어려운 상황(생리, 질염 등)에서 굳이 섹스해야 하나요?"라고 물을지도 모른다. 중요한 것은 이 둘의 관계, 그리고 여성의 마음이다. 지금 내 몸이 준비되지 않았고 섹스하고 싶지 않다면 그렇게 하는 것이 좋다. 그런데 몸은 준비되지 않았지만 섹스를 통해 사랑과 친밀감을 느끼고 싶다면? 질

1장 죽기 전에 한 번만 느낄 수 있다면

이 아닌 곳으로 즐거움을 느끼고 싶다면? 그럴 때는 삽입을 제외한 섹스를 시도해볼 수 있다. 질 건조 외에도 질염이나 생리 등의 상황에서 응용 가능하다.

질을 제외한 섹스에 도전하는 것에는 한 가지 의미가 더 있다. 그동안 경험하지 못한 새로운 방식을 찾는다는 점이다. 50대 후반 숙영 씨는 "남편 그게 가끔 서지 않아요"라며 상담실을 방문했다. 남편이 발기하도록 돕기 위해 어떤 행동을 해봤는지 물으니 "제가 뭘 해야 하나요?"라고 되물었다. 이 여성은 섹스할 때면 항상 침대 위에 가만히 누워 있었다고 했다. 사실 최근에 남편이 자기 것을 만져달라고 요청했지만 "맨눈으로 본 적도 없는데 그걸 어떻게 만지겠어요!"라고 했다. 이 말을 듣자마자 나도 숙영 씨만큼이나 놀랐다. 결혼생활을 수십 년간 이어온 부부가 아직 서로 만져보지도 않았다니! 그럼 지금까지 남편은 어떻게 발기해온 것일까?

발기란 음경, 음핵, 유두가 자극에 반응하여 커지거나 딱딱해지는 현상을 일컫는다. 발기는 심리적 요소, 신경학적 요소, 혈관의 움직임, 호르몬 작용 등이 복합적으로 작용해서 나타나는데 쉽게 생각하면 '성적으로 흥분되었을 때' 발생한다. 남성의 발기에는 세 가지 종류가 있다. 첫째, 알아서 서는 경우다. 10~20대에는 너무 시도 때도 없이 일어나 당황하기도 한다. 둘째, 만지면 서는 경우다. 일반적으로 섹스 중 상대와의 스킨십을 통해 일어난다. 마지막으로 셋째, 새벽형 발기다. 흔히 '팬티로 텐트를 친다'고 말하는 것으로 수면 중 발생한다.

숙영 씨의 남편은 50대가 될 때까지 첫째 유형의 발기로만 성생활을 유지해왔고 그것이 어려워지자 둘째 유형으로 넘어가려고 했다. 하지만 이 정도 연령대에서 가장 좋은 방법은 셋째 유형이다. 시간이 조금 걸렸지만, 교육 끝에 숙영 씨는 몇 가지 손기술과 입을 사용하는 방법을 배웠다. 그 후 성생활 만족도가 올라간 것은 물론이다.

우리도 어쩌면 무의식적으로 질을 이용한 섹스만 하고 있을지 모른다. 손과 입으로 하는 섹스, 가슴, 음핵, 대음순을 이용하는 섹스, 도구를 이용하는 섹스를 공부하면 질 삽입 없이도 색다른 만족을 얻게 된다. 방법은 간단하다. 질 외의 신체 부위로 상대의 성감대를 자극하면 된다. 성감대를 자극하는 다양한 동작을 알아보자.

- 만진다.
- 잡는다.
- 비빈다.
- 문지른다.
- 스친다.
- 끼운다.
- 밀어넣는다.
- 찌른다.

- 쓰다듬는다.
- 더듬는다.
- 어루만진다.
- 끌어당긴다.
- 민다.
- 두드린다.
- 때린다.
- 긁는다.
- 할퀸다.
- 핥는다.
- 빤다.
- 휘젓는다.

- 휘감는다.
- 감싼다.
- (바람을) 분다.
- 꼬집는다.
- (손가락으로) 튕긴다.
- (진동을 주어) 떨리게 한다.
- 흔든다.
- 굴린다.
- 문다.
- 압박한다.
- 누른다.
- 가볍게 가져다 댄다.

그럼 이 동작을 응용해보자. 먼저 입으로 하는 섹스다.

· 키스하기

음경에 입으로 '쪽' 하고 뽀뽀한다. 진하게 키스하듯 귀두부터 고환까지 구석구석 뽀뽀하고 키스한다. 천천히 내 입술과 입의 느낌을 감상한다. 내 입술과 혀가 닿는 순간 음경이 움찔거리는 것이 느껴질 것이다. 이때 용기를 내어 눈빛을 마주치면 상대의 즐거움을 최고조로 만들어줄 수 있다.

· 길게 핥아주기

혀를 이용해서 길게 핥는 방법이다. 음경의 아래쪽을 보면 중간에 능선이 보인다. 이 부분을 코퍼스 해면체(corpus spongiosum penis)라고 부른다. 이 부분을 중심으로 고환부터 귀두까지를 길게 핥아준다.

· 귀두를 두드리기

귀두는 남성의 성기 중 가장 예민하고 흥분되는 부분이다. 혀를 이용해서 귀두를 상하좌우로 자극해준다. 부드럽게 강하게 혹은 톡톡 치는 것도 즐거움을 더한다.

· 소용돌이

귀두에서 혀를 이용해 원을 그린다. 이때 한 방향으로 꾸준히 하는 것을 추천한다. 혀를 계속 움직이면서 자극할 수 있다. 방향을 바꾸어도 된다. 혀끝을 이용해서 요도 입구 부분을 부드럽게 자극할 수도 있다. 귀두 중앙을 혀를 이용해서 문질러도 좋다.

· 입으로 하는 피스톤

입을 이용한 기본 방법으로 질 삽입과 같이 입을 이용한 피스톤 운동을 한다. 하지만 너무 깊이 삽입할 경우 구역질을 할 수 있으니 깊게 삽입하는 것보다는 내가 넣을 수 있는 부분까지 하는 것이 중요하다.

· 흡입하기

사탕을 빨아 먹어본 경험을 떠올리면 편하다. 입으로 남성의 성기를 빨아들인다. 무조건 깊이 넣어서 빠는 것보다는 남성이 좋아하는 지점을 찾아서 빠는 것이 중요하다. 그 지점을 찾았다면 흡입을 유지해준다. (이때 흡입을 하면서 혀를 이용해 핥을 수도 있다.)

· 바람 불기

귀두 부위에 바람을 부드럽게 불어본다. 뜨거운 입바람이 따뜻하면서 새로운 자극을 준다.

· 입과 손을 동시에

손과 함께 하는 기본 동작이다. 음경에 입과 함께 손도 가져간다. 입으로는 음경을 빨고 동시에 손으로는 고환을 만진다. 음경이 입에 들어갈 때는 고환도 손아귀로 같이 들어가고, 나갈 때는 같이 빼주면서 음경 기둥에 자극을 준다.

· 눈 마주치기

남자와 눈을 마주치면 엄청나게 친밀하고 뜨거워질 수 있다. 무릎을 꿇고 음경을 자극하고 있다면 매우 자극적인 복종 자세처럼 느낄 수 있다. 이런 복종 자세에서 올려다보면 지배적인 감정이 더 강화되고 눈을 마주치면서 더 친밀하게 만드는 좋은 방법이다. 다만 입으로 자극하면서 올려다보는 자세가 어려울 수 있다. 이때 주의사항이 있다. 너무 오랫동안 눈을 마주친다면 불편하게 느낄 수 있다. 이것을 방지하기 위해 2~3초 정도 바라보는 것이 적당하다. 억지로 마주치려고 노력하지는 말자. 분위기가 어색해지면 성적 흥분도 낮아질 수 있다.

· 고환 애무하기

고환에 할 수 있는 가장 쉬운 애무 방법은 키스하는 것이다. 입술을 모으고 부드럽게 젖은 키스를 한다. 남성이 고환 키스를 좋아하면 혀로 부드럽게 핥아 마사지하여 한 단계 끌어올린다. 고환을 최대한 덮을 수 있도록 혀를 평평하게 유지하는 것이 좋다. 입으로 고환을 애무하는 가장 강렬한 방법은 부드럽게 입안으로 가져가서 혀로 부드럽게 마사지하는 것이다. 여기서 중요한 핵심 타액을 많이 사용할수록 남성에게는 부드러움을 줄 수 있다. 윤활제를 사용하면 더 좋다. 모든 남자가 고환 애무를 좋아하지는 않는다. 개인적인 취향이므로 남자의 반응을 보고 선택한다.

· 음낭을 빨고 핥기

음경과 음낭 자극은 매우 유사하다. 음낭은 피부가 주름져 있어서 거칠어 보이지만 생긴 것과는 다르게 연약하니 처음에는 부드럽게 핥아준다. 그다음 천천히 빨아준다. 강하고 약한 정도는 상대와의 대화를 통해 조절할 수 있다. (남성 스스로 "더 세게" 혹은 "부드럽게"라고 말할 수 있어야 여성도 편안하게 애무할 수 있다. 특히 "살살해줘"라는 말을 어려워하는 남성이 많은데 여자가 강한 남자를 좋아한다는 편견은 당장 버리기를 바란다.)

· 멀티플레이

한 손으로 음낭을 애무하고 다른 손으로는 회음부를 부드럽게 눌러준다. 그와 동시에 입으로 남성의 음경을 휘감는다. 세 곳의 자극으로 남성은 새로운 오르가슴을 경험하게 될 것이다.

입으로 하는 섹스에 익숙해졌다면 간단한 준비물을 통해 조금 더 재미를 늘릴 수 있다.

· 사이다

입에 사이다를 머금은 상태로 음경이나 음낭을 애무한다. 톡 쏘는 탄산이 음경의 피부에 닿을 때 또 다른 느낌을 선사한다.

· 사탕

작은 알사탕 여러 개를 입안에 머금고 음경이나 음낭을 애무한다. 부드러운 입과 딱딱한 사탕이 남성의 음경을 함께 자극해준다. 또한 여성 입장에서 사탕의 단맛이 강하게 느껴지므로 남성의 음경에서 나는 맛과 향기가 부담스러울 경우 좋은 대안이 된다.

· 생크림

달콤함과 부드러움을 내 남자의 음경에 더해준다.

· 진동기

진동기의 자극에 의외로 "어! 이 느낌은 뭐지?"라고 느끼는 남성이 많다. 진동기는 여성을 위한 용품이라는 인식이 강해서 남성에게는 잘 시도하지 않는 편인데, 반지 모양의 귀여운 제품을 귀두나 음낭 주위에 살짝 가져다 대고 가만히 있어보자. 처음에는 "아무 느낌 없는데?"라고 할 수도 있지만 그 느낌이 점점 전달되는 것을 경험하게 된다.

· 속옷이나 소품

시각적 자극을 위해 섹시한 속옷을 준비해본다. 이때 서로의 속옷 취향을 알 수 있으면 더 도움이 된다. SM 판타지가 있다면 수갑이나 안대를 활용해보는 것도 좋은 방법이다.

입으로 할 때 시도해볼 수 있는 체위는 어떤 것이 있을까? 다양한 자세를 통해 질 삽입과는 다른 재미를 느껴보자.

• 음경 아래에 얼굴을 둔 자세

남성이 지배적인 위치에 있고 여성을 통제할 수 있는 자세다. 굉장히 복종적인 느낌을 준다. 여성은 베개를 놓고 침대에 눕는다. 남성은 여성의 가슴팍에 올라타 음경을 입에 물려준다. 베개로 입의 각도를 편하게 맞춘다. 사람마다 음경의 위치와 휘어지는 각도가 다르니 자세를 조금씩 움직여보아야 한다. 처음에는 음낭 부위 자극을 시작으로 점점 음경 귀두로 올라간다. (남성이 손으로 여성의 머리를 잡고 깊은 삽입을 시도하면 여성이 헛구역질이나 기침을 할 수 있다.)

• 소파 자세

남성이 소파에 눕는다. 여성은 무릎을 꿇고 바닥에 앉아 음경과 눈높이를 맞추고 애무한다. 여성이 리드하기 좋고 남성은 여성이 자신을 자극하는 모습을 볼 수 있어서 더 흥분된다.

• 서서 69 자세

여성이 침대에 눕는다. 단, 머리가 침대 밖으로 나오도록 목을 침대 끝에 걸친다. 여성의 머리가 뒤로 젖혀질 것이다. 남성은 여성의 머리맡에

서서 음경을 입에 넣는다. 머리가 거꾸로 되어 있어서 여성이 애무할 때 집중하기 어려울 수 있지만, 남성은 여성의 몸 전체를 내려다 볼 수 있는 매력적인 자세다. 이때 남성은 여성의 젖꼭지를 함께 애무해도 좋다.

정액을 먹어도 될까?

입으로 관계할 경우, 시작하기 전 어디에 사정할지 미리 이야기를 나누어야 한다. 입에 사정해도 되는지, 안 되는지는 여성에게 특히 중요한 부분이다. 여성의 동의 없이 입에 사정해버리면 여성이 굉장한 불쾌감을 느끼기도 한다. 또한 여성이 동의했을 경우에도 입에 들어온 정액을 어떻게 해야 할지 몰라 당황할 수 있다. 선택지는 보통 다음과 같다.

1. 입에 사정하지 않는다.
2. 입에 사정했지만 정액의 맛을 견딜 수 없다면 뱉어버린다. (단, 남성이 바로 보는 앞에서 퉤 뱉지 말고 살포시 컵 같은 곳에 뱉는다.)
3. 원한다면 정액을 삼켜도 문제가 될 것 없다.

입에 사정하는 것이 싫다면 마무리는 손으로 할 수 있다. 앞

1장 죽기 전에 한 번만 느낄 수 있다면

에서 배운 손기술을 활용해보자. 질 삽입에 문제가 없다면 이 타이밍에 삽입을 시도할 수도 있다. 마지막으로 얼굴이나 몸에 사정하는 방법도 있다. 포르노의 영향으로 이것을 꿈꾸는 남성이 의외로 많다. 하지만 자신의 얼굴에 사정하는 것을 모든 여자가 허용하지는 않는다. 앞에서 다루었듯이 사정하는 곳을 입이 아닌 여러 곳으로 정해도 된다.

그런데 잠깐, 정액을 먹어도 될까? 건강에 해롭지는 않을까? 결과부터 말하자면 먹어도 된다. 남성의 정액에는 칼슘, 나트륨, 마그네슘 등의 수많은 전해질이 포함되어 있다. 전해질은 정액이 살짝 짠맛을 내는 이유다. 또한 정액에는 적은 양의 과당과 포도당이 포함되어 있으며, 근육을 회복시키는데 필수적인 단백질이 들어있다.

한편 정액에는 여러 화합물이 들어 있는데, 이것이 건강에 이롭다는 연구도 있다. 옥시토신, 카탈라제, 글루타티온, 비타민 C, 스퍼미딘과 같은 항산화제, 항노화제가 섞여 있기 때문이다. (그렇다고 건강 때문에 정액을 일부러 먹을 필요는 없다!)

여성이 입으로 애무해줄 때 남성은 어떤 느낌을 받을까? 마음속으로는 어떤 생각을 하고 있을까? 실제 답변을 들어보자.

"저는 일부러 다른 생각을 해요. 너무 자극적이라 빠르게 사정할까봐 걱정되서요."

"아무 느낌이 들지 않을 때가 있어요. 그래도 너무 열심히 하니깐 미안한 마음에 그냥 가만히 있죠."

"내 그곳을 입으로 정성껏 해주는 그녀가 너무나 사랑스러워요."

"우리는 솔직하게 대화하는 편인데 좋아하는 부분을 정확하게 자극해주니 너무나 행복해요."

"이가 닿을 때 아파서 소리를 지르고 싶었어요. 남자가 약한 모습을 보일 수는 없으니 눈물을 찔끔 흘리며 참았지만요."

"아내와 가끔 퇴근할 때 한적한 곳에 차를 세워서 입으로 해요. 야외의 짜릿함, 집에서와는 다른 모습의 그녀…. 너무 섹시해요."

"오랜만에 둘만의 시간을 가졌어요. 거실에서 TV를 보다가 아내가 샤워하고 예쁜 속옷을 입고 내 앞에 무릎을 꿇고 입으로 즐거움을 선물하는데 귀두 부분을 살짝 깨물 때의 짜릿함을 잊을 수가 없네요."

대부분의 남성은 여성의 애무에 즐거워했으나, 특별한 느낌이 없다거나 아프다고 털어놓는 경우도 있었다. 그렇다면 어떻게 해야 내 남자 확실히 느낄 수 있는지 알아보자. 우선 남성은 강하고 거센 자극을 좋아한다고 생각하는 여성이 많다. 하지만 '금방 싸면 어쩌지'라는 불안감을 가지고 있는 남성에게 처음부터 강한 자극은 심리적 부담을 안겨줄 수 있다. 처음 시작은 속도를 느리게 하는 것이 중요하다. 천천히 부드러운 자극을 통해 입과 음경의 충분한 교감을 가져오고 점차 흥분되는 것을 온몸으로 느낄 수 있다.

또한 입으로 애무할 때는 촉촉함을 유지해야 한다. 질이 건조하면 여성이 아픈 것과 마찬가지다. 입이 마르거나 침만 가지고는 윤활이 부족하다면 식용 가능한 오일을 이용하자.

여성의 태도 또한 중요하다. 당신이 남성이라면 가만히 앉아서 적막 속에서 애무하는 여성과 내가 좋아하는 남자의 음경을 열정적으로 핥는 여성 중 누구에게 더 흥분할까? 이런 태도는 입으로 하는 섹스뿐만 아니라 모든 관계에 적용된다. 입으로는 음경을 빨면서 손으로 남성의 엉덩이를 꽉 잡는다면 '난 너를 원해'라는 신호를 줄 수 있다. 혹은 입을 움직이면서 신음을 내도 좋다. 아니면 입에 음경을 문 상태로 "주인님, 너무 커요" 같이 그가 듣고 싶어하는 말을 속삭여보라. 그에게 최대한 열광하는 모습을 보이면 그 역시 당신에게 열광할 것이다.

음경과 음낭만 애무하지 말고 엉덩이, 회음부, 항문, 허벅지 등 다른 민감한 부위를 함께 만지는 것도 훌륭하다. 파트너의 몸에서 나는 소리에 귀를 기울이는 것도 좋다. 남성도 생물학적 욕구를 충족시키기 위해서만 섹스를 원하지 않는다. 그들도 함께 즐기는 섹스를 갈망한다.

가슴, 음순으로 하는 섹스

입 말고 또 다른 곳은 없을까? 가슴도 섹스하기 좋은 부위다. "저는 가슴이 작아서 곤란한데요"라고 하는 여성도 있는데, 사실 가슴은 남성보다는 여성의 즐거움에 초점을 맞춘 애무다. 서로의 몸에 오일을 바르고 여성이 자신의 유두를 이용해서 남성의 발끝부터 서서히 훑고 올라간다. 그런 다음 음경 애무를 위해 가슴골 사이에 음경을 넣고 피스톤 운동을 한다. 가슴이 잘 모이지 않는다면 애쓰지 말고 유두 자극만 즐기자. 우리에게는 입도 있고 손도 있으니까.

음순을 이용한 애무도 가슴을 이용하는 것과 비슷하다. 여성 생식기를 봤을 때 드러나 있는 부분, 즉 음핵과 음순에 오일을 바른다. 남성은 바르게 눕고 여성은 그 위에 올라탄 자세를 취한다. 여성은 자신의 생식기로 남성의 음경 밑부분을 자극한다. 톱질하듯 위아래로 움직여보자. 이때도 가슴 애무와 마찬가지로 여성은 자신의 흥분에 집중하는 것이 중요하다.

1. 먼저 음핵과 귀두가 인사한다. 두 부위가 가만히 만나고 있으면 음핵에 있는 8,000개의 신경선과 귀두에 있는 4,000개의 신경선이 마주하게 된다. 몸의 감각에 집중하다 보면 자석처럼 서로 당기는 느낌을 경험할 수 있다.

2. 다음으로 음핵을 상하좌우로 움직이며 귀두를 애무한다. 역시 여성 자신의 감각에 집중하는 것이 중요하다.

3. 마지막으로 고환부터 귀두까지 길게 위아래로 애무한다. 음핵과 귀두의 교감으로 여성은 흥분감이 올라가면서 애액이 나올 것이다. 촉촉하게 젖은 부분으로 귀두부터 음경 전체를 감싸보자. 천천히 위아래로 움직이면서 악수를 할 때 두 손을 꽉 잡는 듯한 느낌을 감상한다.

질과 음경의 만남 이외에 입, 가슴, 음순 등으로 관계를 즐기는 기술을 배워보았다. 처음부터 잘하고 싶다면 욕심이다. 또한 사람마다 취향이나 선호가 모두 다르다. 어떤 사람은 목 깊숙이 삽입하는 것을 좋아하고 어떤 사람은 깊이를 전혀 신경 쓰지 않는다. 어떤 사람은 얼굴에 사정하는 판타지를 가지고 있지만 그런 것을 부담스러워하는 사람도 있다. 어떤 사람은 음경과 고환을 동시에 만져주길 원하지만 산만하다고 생각할지도 모른다. 상대의 취향을 알아내는 방법은 직접 함께 경험해보는 것뿐이다.

'당신한테 냄새 나'를 예쁘게 말하는 법은 없을까?

또한 새로운 방법을 시도했을 때 내가 불편을 느꼈다면 이 또한 상대에게 정확하게 말해야 한다. 섹스 후 피드백을 주고받기를 어려워하는 이가 많은데 가장 좋은 시점은 서로가 오르가슴을 느낀 직후다. 서로 친밀감과 편안함을 공유하고 있기에 성적 대화를 시작하기 부드럽다. 피드백의 첫 번째 단계는 좋았던 부분을 말하는 것이다. 그 다음 단계로 바꾸고 은 점을 이야기한다. 예를 들면 여성이 남성의 음경을 입으로 애무해주었는데 남성의 몸에서 불쾌한 냄새가 났다고 해보자. 그럼 이렇게 말하라. "처음 시도할 때 당신의 흥분하는 얼굴이 너무 섹시했어. 다음에

다르게 해본다면 함께 샤워하면서 시작하고 싶어." 반대로 여성
의 애무가 너무 거칠었다면 남성은 이렇게 말할 수 있다. "당신
입술이 내 귀두에 닿았을 때 너무 황홀했어. 다음에 다르게 한다
면 음경 기둥에 이가 닿지 않도록 살살 해줬으면 좋겠어."

　　성적 대화는 다른 주제보다 민감하고 예민하다. "당신 냄새
에 토할 뻔했어! 다음부터는 좀 씻어." 이렇게 피드백하면 아마
도 상대는 성관계 자체를 피하게 될 것이다. 서로가 원하는 것을
듣고, 선호하는 것을 배우며, 불편해하는 점을 이해하려는 자세
가 중요하다. 최고의 기술보다 따뜻한 배려에 더 많은 사랑을 느
낀다는 사실을 꼭 기억하자.

2장

여보,
씻는다니
그게
무슨 말이야?

너는 그거 안 하면 죽니?

— 섹스리스

타이밍만 엿보는 남편

결혼 7년 차 희원 씨는 남편만 보면 숨어버리고 싶다. 남편은 희원 씨가 설거지를 하고 있으면 갑자기 뒤에서 껴안고 키스한다. 그럴 때면 가슴을 만지작거리는데 애 앞에서 부끄럽고 싫은 느낌이 든다. 그러지 말라고 하면 "그럼 우리는 언제 해?"라며 화까지 낸다. 희원 씨는 말문이 턱 막혔다.

"이 남자, 제가 무슨 생각하면서 어떻게 지내는지는 안 궁금하고 그저 섹스할 타이밍만 엿보는 거 같아요. 이걸 남편이라고 믿고 살아도 될까요?"

희원 씨는 결혼 전부터 스킨십이나 성관계가 부끄럽고 조심스러웠다. 막 싫거나 그런 건 아닌데 손만 잡아도 어색하게 느껴졌다. 그러던 중 지금의 남편을 만났다. 이 사람은 나를 너무 사랑하고 지켜줄 수 있는 남자라고 느꼈다. 그에 대한 믿음과 신뢰가 쌓이면서 결혼도 했다.

희원 씨는 임신하고 출산하면서 다니던 직장도 관두고 육아에 집중했다. 물론 남편도 그녀가 엄마 역할에 집중하는 것을 원했기에 내린 결정이었다. 일을 그만두었다고는 하지만 아이가 어린이집에 가기 전까지는 직장에 다닐 때보다 더 힘든 나날이었다. 희원 씨는 체력이 약한 편인데 하필이면 아이가 잘 먹지도 자지도 않는 예민한 기질이라서 지칠 대로 지쳤던 것이다. 남편은 무엇을 했냐고? 잘 도와줬지만 정말 '도와주는 것'이었다. 어쨌든 육아 책임자는 희원 씨였다.

그러던 어느 날, 남편이 밤에 잠든 그녀를 깨워 잠자리를 요구했다. 그녀는 남편에게 순간 화가 났고, 그를 이해할 수 없었고, 아니, 이해하기 싫었다. 심지어 "제가 무슨 직업여성이 된 기분까지 들었어요"라고 회상했다. 남편이 요구하고 아내는 거절하는 일이 몇 번 반복되며 둘은 자연스럽게 섹스리스 부부가 되었다. 이제는 아예 아이를 재워야 한다는 핑계로 각방까지 쓰고 있다. 시간이 흘러 아이가 어린이집에 다니게 되었고 희원 씨에게도 여유가 조금은 생겼다. 하지만 그녀는 남편이 그냥 밉다. 자기를 전혀 이해하려고 하지 않는 남편이 답답하고 외롭다는 생각까지 든다.

세상에서 제일 쉽고도 어려운 일

상담실에는 정말 다양한 상담자가 찾아온다. 그중에는 커플도 있고 솔로도 있지만 아무래도 부부가 많다. 그리고 부부 상담 중 가장 자주 접하게 되는 문제가 바로 희원 씨 같은 사례. 희원 씨 남편이 어떤 생각을 가지고 있는지 궁금하지 않은가? 그는 정말 자기 아내가 힘들거나 말거나 그냥 섹스가 하고 싶은 짐승일까? 그래서 남편을 만나고 이야기를 들어봤다.

"안녕하세요. 결혼 7년 차지만 여전히 아내가 너무 사랑스럽고 예쁘게 느껴지는 남편입니다. 저는 섹스를 싫어하는 아내 때문에 고민이에요. 손을 대면 자동 반사적으로 척하고 밀어내요. 제가 무슨 문제 있는 남자도 아니고 돈도 잘 벌고 집에서는 가정적인 남편이거든요. 왜 그렇게 생각하냐고요? 퇴근하고 집에 들어와서 힘들어하는 아내를 위해 저녁 준비도 도와주고 설거지도 합니다. 제가 사업을 해서 사람 만나는 일이 많다 보니 솔직히 집에 와서는 쉬고 싶지만 아내가 힘들어하니까 많이 도와주려고 노력해요. 이렇게 저녁 다 먹고 밤에 관계하자고 살며시 이야기하면…. 솔직히 저 엄청 눈치 보면서 물어보거든요. 이 사람 오늘은 기분이 괜찮을까? 괜히 갔다가 거절이나 당하는 건 아닐까? 여러 생각이 들지만 살며시 다가갑니다. 그런데 아니나 다를까 아내는 저를 섹스만 아는 변태 취급합니다. 못한 지 벌써 3주가 넘어가는데 저 너무 힘들고, 솔직히 머릿속에서 예전 여자친구 생각도 나요. 주변에 보면 유부남 지인들도 여자친구 하나씩 있던데 저도 그래야 하나 고민이 됩니다. 농담으로 그러죠, 가족끼리 이러는 거 아니라고. 그게 진짜 맞는 말일까요?"

남편이 어떤 생각을 하는지 알게 된 희원 씨는 충격에 빠졌다. 그리고 "어떻게 하면 좋을까요?"라고 내게 물었다. 희원 씨에게 남편을 사랑하는 마음이 남아 있고, 관계를 개선하고 싶은 의지가 있다는 긍정적인 신호다. 우리 사이에 섹스가 부족하다고 느끼면 처음에는 본인 나이의 성관계 평균 횟수부터 검색한다. '30대 부부 성관계 평균 횟수' 같은 것이다. 내가 섹스를 원하는 것이 혹시나 비정상인가? 우리의 관계가 부족한 것이 맞는가? 궁금하지만 어디 물어보지도 못하고 답답하니 이렇게 찾아보는 것이다. 여기에서 중요한 한 가지. 부부관계는 통계로 해석되지 않는다. 당신 주변 사람이 몇 번을 해서, 어떤 방식으로 해서 성적 만족을 얻는지는 나의 인생과 상관없다. 이것은 우리 둘의 사적이고 특별한 관계다.

성욕 차이에 대한 몇 가지 오해를 살펴보자. 첫째, 횟수에 문제가 있다고 생각하는 것이다. "결혼했는데도 외로워요"라는 것이다. 그래서 성욕이 높은 쪽은 통계를 보여주며 우리의 횟수가 문제라는 것을 확인시키고 싶어 한다. (그런데 통계를 받아본 상대가 "어머, 그렇네? 그럼 우리 얼른 할까?"라고 응해주는 경우는 없다.)

둘째, 자위로 해결하면 안 되냐는 오해다. 성욕이 낮은 쪽은 흔히 이런 불평을 털어놓는다. "피곤한데 그냥 혼자 하면 안 되요? 자위가 나쁜 것은 아니잖아요. 그냥 혼자 싸지…." 이렇게 말하는 여성이 정말, 정말, 정말 많은데, 이런 오해는 '남성이 섹스를 원하는 이유가 사정을 통해 쾌감을 얻고 싶기 때문'이라고 생각에서 시작된다. 상담이나 강의를 듣기 위해 찾아오는 남성에게 "왜 오셨나요?"라고 물었을 때 "더 시원하게 사정하고 싶어서요"라고 하는 경우는 단 한 번도 보지 못했다. 대부분은 "그녀를 행복하게 해주고 싶어서요"라고 답한다. 다시 말해서, 남성은 성관계를 통해 사랑을 확인한다. 감정 표현이 서툰 남성도 침대에서는 "사랑해"라거나 "정말 예쁘다"라는 말을 하는 경우를 떠올려보면 쉽게 이해된다. 그러니 이런 남성에게 "혼자서 해결해"라고 말하는 것은 너무 가혹하다.

셋째, 남자는 언제나 불끈불끈하다는 오해다. 비뇨기과 병원의 상호나 광고 문구를 보면 한결같이 '강한 남자'를 외치는데, 어딘가에서 약한(?) 남자들이 숨죽여 울고 있을지 모르겠다. 약한 남자란 다른 말로 하면 하기 싫은 남자다. 성욕이 낮은 여자는 주변에서 어렵지 않게 찾을 수 있다. 그런데 "남편이 귀찮게 해서 힘들어요"라는 말은 어색하지 않지만 "아내가 귀찮게 해서 힘들어요"라는 말은 다소 낯설다. 그러나 실제 상담에서는 남편이 섹스를 원하지 않아 속을 끓이는 부부가 정말 많다.

섹스는 배드민턴과 다르다. 나는 배드민턴을 좋아하지만 배우자는 그렇지 않다면? 동호회에 나가면 된다. 섹스는 다르다. 결혼한 상황에서 배우자 아닌 사람과의 잠자리는 허용되지 않는다. 그렇다고 이런 문제로 이혼을 결정하기도 정말 쉽지 않다. 대화라도 나눠보고 싶은데 그마저 거부당하니 속병이 난다.

혹시 당신도 성욕 차이로 인해 갈등 중인가? 그렇다면 성욕이 낮은 쪽에게 하고 싶은 말이 있다. 우선 성욕은 어마어마하고 대단한 것이 아니라는 사실이다. 불끈거리며 발기하는 것만이 성욕이 아니다. 배우자의 손길에 "기분 좋은데"라고 느끼는 것도 성욕의 한 부분이다. 심지어 상대가 새로운 옷을 쫙 빼입었을 때

"오, 멋있네"라고 하는 것도 성욕으로 볼 수 있다. 성욕은 대단한 것이며 부담스러운 것이라는 생각을 버려야 조금 더 편하게 접근하게 된다.

최근 미국에서는 성욕을 높여주는 여성용 비아그라가 시판되며 '욕구'라는 민감한 문제가 논쟁거리로 올랐다. 욕구가 없는 여성이 주사를 맞거나 약을 먹으면 하고 싶은 마음이 솟아날 수 있을까? 아니, 그 전에 약물치료를 하도록 이끌 수는 있을까? 미국의 조사에 따르면 폐경기 여성 600만 명이 성욕 감퇴를 느꼈지만 그중 95퍼센트는 이것을 치료받아야 할 일로 생각조차 하지 않았다. 브리티시컬럼비아 대학교의 정신과 교수 로즈메리 바손(Rosemary Basson)은 "여성은 관계 만족도, 정서적 친밀감, 과거 성경험 등이 서로 얽혀서 성적 반응에 영향을 준다"고 했다. 여성은 성적으로 중립적인 태도를 보이게 된다. 그리고 파트너가 성적인 신호를 보낼 때 비로소 욕구와 충동을 경험한다. 여성의 성은 능동적이기보다는 반응적이라는 것이다. 자, 여기서 별표 다섯 개짜리 답이 나왔다. '성욕이 낮은 여성은 안정감을 높여야 하며, 욕구와 충동을 깨우기 위해서 감각적인 애무가 충분히 더 필요하다.'

마음이 한결 풀린 회원 씨에게 "먼저 스킨십을 시도한 적이 있으신가요?"라고 물었다. 한 번도 없었다고 했다. 그래서 희원 씨에게 숙제를 하나 내줬다. 지금 당장 해보라고. 두 사람이 상담실에 함께 들어와 나란히 앉도록 했다. 그리고 희원 씨가 남편 손끝을 살짝 만졌다. 마치 처음 만난 남녀처럼 어색한 분위기가 흘렀고 희원 씨는 부끄러워했다. 그런데 남편이 갑자기 눈물을 흘렸다. 만지려고 하면 항상 '몹쓸 손' 취급하던 아내가 이제는 먼저 손을 내밀어주었기 때문이다. 이런 반응을 보이는 부부라면 달라질 수 있다는 희망이 든다. 그동안 응어리진 부분이 많았겠지만 서로 보듬어주는 관계로 한 단계 한 단계 나아갈 가능성이 느껴지는 것이다. 울고 있는 남편을 보며 희원 씨가 말했다. "똘똘이 스머프처럼 강한 남편이라 이렇게 힘들어하는지 몰랐어요. 다른 집 이야기 들어보면, 저희 남편 저한테 참 잘한다 싶거든요. 그런데 아직 저는 남편 앞에서 부끄러워서 그랬나봐요."

희원 씨는 그동안 남편에게 했던 방어적인 태도에서 벗어나 이 관계에서 힘들었던 점을 용기 내어 표현할 수 있었다. "설거지할 때 당신이 내 가슴을 강제적으로 만지지 말았으면 좋겠어. 이럴 때는 내 몸이 긴장되고 부끄러워. 아이들이 볼까봐 불편하고." 남편은 자신의 손길에 이렇게 느꼈던 아내의 마음을 듣고 미안해했다. 남편은 자신이 그렇게 행동하면 상대도 흥분할 줄 알았기 때문이다. 남편의 입장에서 지금까지의 결혼생활은 섹스에 목마른 시간이었을 것이다. 나는 힘들고 괴로운데 상대는 이

고통에 전혀 관심을 주지 않는다. 사랑의 욕구가 높은 사람은 부부생활을 할 때 상대가 단순히 나의 '가족'인지, 아니면 '애인'인지를 상당히 중요하게 느낀다. "가족끼리 이러는 거 아냐"라면서 섹스를 거절당하면 크게 실망한다.

"결혼 전 조상님이 보낸 신호, 왜 무시했을까요?"

10년 연애를 끝으로 결혼한 선우 씨와 재준 씨도 섹스리스 부부다. 두 사람도 연애 초반에는 남부럽지 않게 뜨거운 관계였다. 눈만 마주쳐도 불꽃이 튀었다. 그러던 어느 날, 남편인 재준 씨의 행동이 바뀌기 시작했다. '밤에 이기는(주도적인) 남자'였던 그가 점점 '밤에 지는(수동적인) 남자'로 변했다. 아내인 선우 씨는 재준 씨가 저녁 늦게 퇴근하는 일을 해서 피곤한가, 아니면 일이 잘 안 풀려서 스트레스가 많은가, 이런저런 생각을 했다. 그렇다고 본인이 먼저 하자고 달려들기는 어려웠다. 이렇게 시작된 섹스리스. 한 번은 선우 씨가 먼저 카톡을 보냈다.

선우: 오빠.
선우: 우리 너무 남매처럼 지내는 거 같아.

143

재준: 미안해. 내가 노력할게.

그러나 이후에도 관계는 전혀 달라지지 않았다. 선우 씨도 직장 일이니 뭐니 바빴고 어영부영 6년이라는 시간이 흘렀다. 그 사이에 선우 씨가 잠자리를 주제로 한 카톡을 네 번 정도 보내기는 했지만, 일상에서는 별 변화가 없었다. 그러던 중 결혼 이야기가 오가게 되었다. '어떻게 해야 할까?' 고민이 많이 되었다. 누구와 상담할 주제도 아니어서 혼자 끙끙 앓았다. '신혼여행이라도 가면 달라지지 않을까? 괜찮아지겠지?' 선우 씨는 이렇게 생각했고, 무엇보다도 겨우 섹스 때문에 이 남자와 헤어지고 싶지 않았다. 두 사람은 결혼했다. 상담실에 찾아온 선우 씨는 이때를 회상하며 말했다. "제가 더 신중했어야 하는 걸까요? 고작 자는 문제가 제 인생 최고의 고민이 될 줄 몰랐어요."

어쩌다 보니 혼후순결

결혼 4년차 30대 부부가 상담실을 방문했다. 남편은 아내가 밉다고 했다. 연애 시절에는 이렇지 않은데 결혼 후에는 같이 자려고 하면 항상 피곤하다는 말뿐이다. "평소에는 멀쩡한데 왜 섹스만 하려고 하면 피곤할까요? 말도 안 된다고 봐요."

두 사람의 일상을 조금 더 들어보았다. 한 번은 남편이 침대 위에서 스킨십을 시도하자 아내가 역시나 "나 요즘 피곤한 거 알잖아"라면서 거부했다. 남편은 기분이 상해서 거실로 나가버렸다. 30분 뒤 아내가 따라 나와서 말을 걸었다.

아내: 이번 주말이 친정 아버지 생신인데, 뭐할까?

남편: 당신이 알아서 해.

아내: 관심 좀 보여. 당신 집 아니라고 너무 하는 거 아니야?

남편: 내 마음은 전혀 고려하지 않아? 당신은 나보고 당신 가정만 생각하라고 하네.

아내: 내가 너무 피곤하니까 (섹스를) 다음에 하자고 한 거지.

남편: 그렇게 피곤하다면서 어떻게 친정은 챙겨?

아내: 말할 걸 말해. 그게 비교할 대상이야?

남편: 당신은 내가 안중에도 없잖아. 나는 당신에게 매번 구걸하는데! 이제 나에게는 아무 매력도 느끼지 못하는 거지?

이 대화에서 남편이 무엇을 힘들어하는지 느꼈는가? 남편은 아내 삶의 우선순위가 친정으로 가득하다고 생각한다. 또한 아내에게 인정받지 못하고 있다고 생각한다. 두 사람은 예전에 섹

145

스 주기를 합의한 적이 있다. 매주 한 번이 사랑의 날이었다. 그런데 아내가 그냥 한 주를 건너뛰자고 한다. 나의 욕구를 모른 척하는 아내가 밉다. 한편 아내는 남편이 집안 행사에 소홀해졌다며 불만을 가지고 있었다. 성욕이 낮은 자기 입장에서 너무 억울하다고 했다. '그게 뭐가 그렇게 대단하다고?' 이렇게 서로의 다름을 인정하지 않고 "네가 틀렸어"라고 믿어버리면 서로 비난만 하며 외로워진다.

많은 부부가 섹스로 인해 갈등이 생기면 "우리 또래 부부는 평균 몇 번은 한다더라"라고 하거나 "섹스 거부도 이혼 사유인 거 알아?"라며 협박성 대화를 이끌어간다. 그러나 현실에서는 평균을 꽉 채워 섹스하는 부부도 섹스 때문에 힘들어하는 일이 흔하며, 섹스를 사유로 이혼소장을 들이밀었는데 상대가 콧방귀도 뀌지 않아 더 상처받기도 한다.

그럼 이런 갈등은 대체 어떻게 해결해야 할까? 섹스가 사라지면 우리는 단지 욕구를 해결할 수 없어서가 아니라 사랑받고 싶어서 좌절하게 된다. 어떤 사람은 "지구에 홀로 남겨진 것처럼 외롭고 허전해요"라고 한다. 이럴 때 옆에서 배우자가 쿨쿨 자고 있다면 그 모습이 예쁘게 보일 리 없다. 그럴수록 나는 감정에 빠지지 말고 문제 해결이라는 목표를 위해 생각해야 한다. 교육학자 존 듀이(John Dewey)는 문제의 원인(0단계)을 먼저 파악하라

2장 어보, 씻는다니 그게 무슨 말이야?

고 한다. 듣고 말하는 과정을 통해 근본 원인을 한 문장으로 정리하는 것이다. 다음으로 6단계를 걸쳐 갈등을 해결할 수 있다.

- · 1단계: 서로 원하는 것을 말하기
- · 2단계: 가능한 해결책을 제시하기
- · 3단계: 해결책에 대해 평가하기
- · 4단계: 상호 수용할 수 있는 해결책 결정하기
- · 5단계: 해결책을 실행하기
- · 6단계: 실행 결과에 대해 평가하기

주의사항이 있다. 서로의 문제를 비난하거나 판단하는 것은 도움이 되지 않는다. 성욕의 차이로 인해, 성에 대한 생각의 차이로 인해 어떤 어려움을 겪고 있는지 본질을 찾아야 한다. 예를 들어보자. "나는 당신이 원할 때마다 하기 싫어." 여기서 문제의 원인은 '하기 싫다'가 아니다. 어째서 하기 싫은지 더 깊은 곳으로 들어가야 한다. "왜냐하면 하루 종일 피곤하게 아이만 보는데, 당신은 하나도 안 도와주다가 밤만 되면 하자고 하잖아. 당신은 나의 힘든 점을 전혀 알아주지 않는 것 같아." 여기에서 0단계인 문제 원인은 '아내가 하루 종일 아이를 보느라 피곤하다'는 것이다. 정확한 원인을 파악하지 못하면 대화는 겉돌고, 감정만 소모

하게 된다.

'혼후순결'이라는 말을 들어보았는가? 결혼 후 성관계를 하지 않게 된 부부를 보고 하는 농담이다. 선우 씨도 어쩌다 보니 혼후순결이 되었고 정신적 사랑만 나누는 관계에 지쳐 상담을 신청했다. 신혼이기는 하지만 연애가 길었기에 이미 7~8년이나 관계를 맺지 않고 지내왔다. 이제 와서 되돌릴 수 있을까? 이 결혼, 하지 말았어야 했을까? 남편에게 말할 용기는 나지 않아서 혼자라도 상담을 받아보겠다며 마산에서 서울까지 올라왔다. 하지만 부부 코칭의 기본은 두 사람을 모두 만나는 것이다. 이 경우에는 특히 그래야 했다. 선우 씨는 큰 용기를 냈고, 다음 주에 함께 방문하겠다고 했다.

두 사람이 같이 방문한 날, 선우 씨와 남편에게 각각 물었다. "서울 오시는 동안 두 분 분위기는 어떠셨어요?" "어색했어요." "바로 옆자리에 앉아서 오는데, 이 사람이 어떤 생각을 하는지 전혀 모르겠다는 생각이 들었어요. 제 마음이 어떤지도 전혀 모르겠고요." 지난주에 선우 씨 이야기를 들었으니 이번 주에는 남편의 이야기를 들을 차례. 선우 씨는 밖에서 기다리도록 하고 남편과 대화를 나눴고 대화가 끝난 후, 남편과 선우 씨가 모두 상담실에 들어오도록 했다. 남편을 바라보며 "아내분께 직접 이야기해보시겠어요?"라고 권하자 그는 머뭇거리며 말했다. "저…

사실 나는 네가 여자로 안 보여. 벗은 몸을 봐도 흥분이 되지 않아. 미안해…" 선우 씨는 하늘이 하얗게 변한 듯한 표정을 지었다. 가슴이 작고 깡마른 몸매에 전혀 흥분되지 않는다며 사실은 글래머 같은 몸매가 좋다고, 야동 배우 ○○○ 같은 여자랑 하고 싶다고 말하는 남편. 선우 씨 눈에서는 눈물이 멈추지 않았다. 선우 씨는 "나한테 어떻게 이럴 수 있어?"라며 화를 냈다.

나에게는 흥분되지 않는다는 사람과의 결혼생활, 어떻게 해야 할까? 백 세 시대라는데 남은 수십 년을 외로워하며 홀로 버텨야 할까? 우선 선우 씨가 어째서 자신을 여자로 보지 않았던 남자와 결혼까지 선택하게 되었는지 그 이유부터 찾아보자. 이런 일은 보통 어릴 적 가정환경에서 실마리를 찾는 경우가 많다. 선우 씨 부모님은 심하게 싸우시곤 했다. 선우 씨는 폭력적인 아빠가 엄마를 때리지는 않을까, 그래서 엄마가 훌쩍 사라져버리지는 않을까 걱정하느라 늘 불안하고 외로웠고, 항상 불편한 마음으로 잠들고는 했다. 그러다 지금의 남편을 만났는데 처음 침대에 나란히 누웠을 때 태어나 처음으로 편안하게 잠들었다고 한다. 남편이 주는 안정감에 선우 씨는 강한 끌림을 느꼈다. 아니 필연이라고 생각했다. 신혼여행에서도, 뜨거운 밤은 없었지만 한 달 동안의 유럽여행이 너무나 재미있었다. 하지만 남편의 좋은 점을 떠올리다가도 선우 씨는 이렇게 말했다. "좋기는 해요. 그런데 이런 건 친구나 동호회 사람과도 할 수 있는 거잖아요."

선우 씨 부부의 경우 점검해봐야 할 지점이 하나 있다. "너를 보고는 흥분되지 않아"라는 남편의 발언이다. 밥을 먹을 때도 식성이나 취향이 있듯이 섹스에도 취향은 당연히 존재한다. 다만, 성욕을 엉뚱한 곳에서 풀고 있지 않은데도 내 앞에서 벗고 있는 상대에게 아무런 욕망을 느끼지 않는 것은 흔한 일이 아니다. 재준 씨에게 의심되는 것은 포르노 중독이었다. 음란물에 장기간 또는 강렬하게 노출되면 뇌가 성기능 장애에 빠지기 쉽다. 포르노 속에서 현실에서는 불가능한 연출을 보고 익숙해지니 현실의 섹스에는 만족하지 못하게 되는 것이다.

다행인 점은 남편 역시 선우 씨를 사랑하고 있으며 그녀를 잃고 싶지 않다고 고백했다는 사실이다. 그래서 자신이 과연 다시 아내에게 성적 흥분을 느낄 수 있을지 심각하게 고민했다. 재준 씨를 위해 그에게 성이란 어떤 의미인지, 어떻게 하면 성욕이 생길지 알아보고 그것에 맞추어 솔루션을 계획하기로 했다. 우선 성생활이 재준 씨 자신에게 갖는 의미는 무엇인지 적어보라고 요청했다.

1. 나는 사랑하는 사람과 친밀해지고 유대감을 갖기를 원한다.
2. 나는 접촉과 성적인 흥분, 황홀, 기쁨을 원한다.

3. 나는 긴장 완화를 원하고 성관계가 내 스트레스를 풀어줄 것이다.

4. 나는 배우자에게 특별하기를 원하고 보살핌 받기를 원한다.

5. 나는 사랑을 보여주기를 원하고 배우자가 나에게 특별하며 보호 받는다고 느끼기를 원한다.

6. 나는 나 스스로 만족할 수 있기를 원하고 성적으로 능력이 있다는 것을 알기를 원한다.

위의 항목이 전부 해당할 수도 있고 몇 가지만 해당할 수도 있다. 선우 씨는 1번이 자신의 마음과 같다고 말했으며, 남편인 재준 씨는 2, 3번이 자신의 마음과 같다고 했다. 성관계를 하고 싶은 동기가 서로 다르다는 점을 알게 되었고, 재준 씨는 선우 씨가 "섹스하지 않는다니, 나를 사랑하지 않는구나?"라고 물으며 서운해한 이유를 이해하게 되었다.

다음으로 재준 씨에게 'No Fap'을 권했다. 'Fap'은 남성 자위 행위를 일컫는 인터넷 속어인데 'No Fap'을 우리말로 하자면 '야동 중독에서 벗어나기' 혹은 '포르노로 자위하는 것을 끊기'라고 하겠다. 온라인에서 'No Fap'을 검색해보면 포르노와 자위를 벗어나려는 이들을 위한 지원 커뮤니티도 운영되고 있다. 재준 씨에게 제시한 구체적인 행동 지침은 다음과 같다.

- 아침에 일어나 아내와 모닝 포옹하기
- No Fap 커뮤니티 가입하기
- 주 1회 SFT 시간 정하고 실천하기
- 포르노를 보면 자위하게 되므로 영상물 없이 자위하기

여기서 SFT(sensual focus traniing)란 감각터치의 방법으로, 앞에서 살펴본 성감대를 찾기 위해 전신을 만지는 과정을 뜻한다. 구체적 행동 지침을 세우고 2주 만에 아내에게 전화가 왔다. 남편이 SFT 하는 날을 두 번 미루더니, 아내가 강력하게 요청하자 어거지로 응했다고 한다. 간절히 원했던 감각터치에 기분이 좋아야 하는데, 억지로 떠밀린 듯한 남편의 태도에 다시는 이런 시간을 갖지 못하게 되었다. 그리고 다시 2년 뒤, 선우 씨에게 카톡이 왔다. "잘 지내시죠? 저를 기억하실까요? 그 후로 남편과 다시 관계는 없었어요. 이렇게 사는 게 맞을까요?" 선우 씨가 다시 상담실을 떠올렸다는 것은 둘 사이에 성적 단절이 발생했고, 남녀 간의 친밀감을 오랜 기간 상실했다는 의미일 것이다.

문학가 라이너 마리아 릴케(Rainer Maria Rilke)는 말했다. 사랑은 고독한 두 사람이 서로를 보호하고 만지고 환영하는 것이라고. 선우 씨 부부는 고독한 관계에서 벗어날 수 있을까? 세상의 모든 이야기가 원하는 대로 흘러가지는 않는다는 점이 쓸쓸

하고 시리다. 두 사람의 앞날에 어떤 결말이 기다리고 있을지는 아무도 알 수 없다. 다만 언젠가 그때가 왔을 때 '나는 우리 사랑을 위해 모든 것을 다했다'고 '그러니 후회는 없다'고 말할 수 있기를 바랄 뿐이다.

.

대출금만 논의하지 말고 섹스도 논의하세요

— 섹슈얼 토킹의 기술

"이거 뭐야? 다른 여자랑 쓰려고 산 거야?"

드라마에서 이런 장면을 본 적 있는가? 두 명의 주인공이 10년 전 약속을 지키기 위해 어떤 장소로 향한다. 그런데 길이 아주 살짝 엇갈려서 만나지 못한다. 그러고는 각자 생각한다. '그 사람은 나를 잊었구나. 나 혼자 약속을 기억하고 있었구나.' 모든 상황을 지켜보고 있는 시청자 입장에서는 답답해 죽을 판이다. 우연이 겹쳐 오해가 되고 갈등으로 번지는 일은 현실에서도 빈번하게 일어난다.

현숙 씨도 그러했다. 하루는 우연히 남편 지갑을 봤는데 그 안에 약이 하나 있었다. 슬쩍 이름을 봤는데 '팔팔정'이라고 적혀 있었다. 인터넷에 검색해보니 비아그라 같은 약이라고 했다. 현숙 씨 부부는 2년째 관계를 하지 않고 있다. 그런데 이런 약이라니! 남편에게 보여주면서 이게 뭐냐고 크게 싸웠다. 남편은 친구가 줬다며 "내가 다른 데 가서 쓸 거면 이걸 대놓고 지갑에 넣어놓겠어?"라고 맞받아친다. 하지만 현숙 씨는 이미 배신감에 억장이 무너진 상태였다.

현숙 씨는 결혼 생활이 무너져내리는 기분을 느꼈다며 상담실을 찾아왔다. 팔팔정은 계기였을 뿐, 그동안 쌓인 고민과 온갖 문제를 줄줄 풀어내기 시작했다. 현숙 씨 부부는 사내연애로 시작해 결혼에 성공한 커플이었다. 남편은 같은 부서 동료였는데 어느 날 마음을 고백했고 성실한 남자라고 생각해 교제 후 식을 올렸다. 결혼 후 현숙 씨는 남편과의 논의 끝에 사표를 냈다. 가사와 임신 준비에 집중하기 위해서 내린 결정이었다.

가정을 이룬 것에서 오는 안정감 때문이었을까? 남편은 이전보다 더 잘 나가기 시작했다. 친하게 지내던 회사 동료들을 통해 현숙 씨 귀에도 남편 소식이 들려왔다. 그이가 회사에서 실적을 올렸다느니, 승진 대상이 되었다느니… 이런 말을 들으면 기뻐야 하는데 오히려 우울해졌다. 남편은 앞으로 나아가고 있는데 자신은 뒤에 혼자 남겨졌다는 느낌 때문이었다. 마음이 불안해서 그런지 얼마 전에는 남편이 유흥업소에서 다른 여자를 만나는 꿈도 꿨다. '남자는 잠자리가 중요하다던데'라는 생각이 들어서 산부인과 질 필러, 질 레이저 이런 것도 검색하다가 문득 '내가 이렇게까지 해야 하나?' 하고 자괴감을 느꼈다. 자기 자신이 한없이 작아진 것 같다고 생각하던 차에 남편 지갑에서 팔팔정을 발견하자 현숙 씨의 묵은 감정이 폭발해버렸다.

현숙 씨 외에도 비슷한 문제로 고민하는 경우가 많다. 파트너와의 성생활이 뜸해지면 '다른 사람을 만나나?' 혹은 '내가 매력이 없나?'라고 혼자 짐작하고는 상처받아버린다. 그런데 신이 아닌 이상 우리는 대화 없이 상대의 마음을 알아차릴 수 없다. 부부 사이가 아무리 가깝다지만 눈빛만 보고 마음을 읽지는 못한다. 1997년부터 1999년까지 노벨평화상 후보로 거론되던 미국의 심리학자 토머스 고든(Thomas Gordon) 박사는 의사소통을 효과적으로 하고 갈등을 해결할 수 있는 방법을 제시했다. 반영적 경청(active listening), 나 전달법(I-message), 제3의 방법(No-Lose conflict resolution)과 같은 것들이다. 고든 박사는 어떠한 관계라도 누군가 강제적으로 힘을 사용한다면 그 관계는 손상된다고 강조했다. 힘을 사용하는 것이 아니라 대화의 기술을 고안하여 관계를 유지하고 갈등을 해결하며 사이가 좋아지는 방법을 찾아야 한다는 것이다.

그럼 현숙 씨와 남편의 입장을 나누어서 구체적으로 알아보

자. 우선 현숙 씨는 지금 심리적으로 괴로운 상태다. 이럴 때는 '나를 도와주세요'라고 말하는 기술을 사용해야 한다. 그 방법이 '나 전달법'이다. '나'라는 주어로 문장을 시작하며 자신의 감정을 상대에게 전달하는 것이다. 나 전달법은 다음과 같다.

1. 문제가 된 상대의 행동을 말한다.
2. 나에게 미치는 구체적인 영향을 말한다.
3. 나의 감정을 말한다.

그럼 현숙 씨의 상황에 대입해보자.

1. 문제가 된 상대의 행동: 당신 지갑에서 팔팔정을 봤어.
2. 나에게 미치는 구체적인 영향: 다른 여자를 만나는 것 아닌가 의심이 들었어.
3. 나의 감정: 화가 나.

현숙 씨가 팔팔정을 발견하고 남편에게 보였던 반응은 이러했다.

· 공격형: "이게 뭐야? 도대체 뭐하고 돌아다니는 거야? 이게 가장으로

서 할 짓이야?"

· 회피형: 방에 들어가서 이불을 뒤집어서 쓰고 울거나 남편에게 아무
  말도 하지 않고 우울해한다.

자, 이 상황에서 나 전달법을 사용하면 이렇게 말할 수 있다.

· "당신 지갑에서 팔찌정을 봤어. 다른 여자를 만나는 것이 아닌가 의심
  이 들었어. 그래서 나는 화가 나."

화를 내는 방법도 참는 방법도, 우리는 원가족(부모 가정)에
서 배우게 된다. 지금 나와 배우자는 어떻게 갈등을 두고 어떤
대화를 하고 있는가? 평상시에는 어떤 언어로 상대방과 일상의
대화를 이어가고 있을까? 우리 사이의 대화 습관을 점검해보고
서로 통하는 대화를 하고 있는지, 멀어지는 대화를 하고 있는지
알아봐야 한다.

이번에는 남편 입장에서 무엇을 해야 했는지 살펴보자. "팔
팔정? 이거 뭐야?"라며 괴로워하는 현숙 씨의 말을 들은 남편은
어떻게 답해야 할까? "어… 아내가 하고 싶은 말을 했으니까 이
번에는 제가 말할 차례인가요?" 땡! 대화란 순서대로 말하기가
아니다. 듣고 말하기다. 당신은 아직 듣지 않았다. 듣는다는 것은

무엇일까? 현숙 씨가 괴로워하고 있을 때 현숙 씨의 괴로운 감정을 나를 통해 반영해주는 것이 진짜 듣기다. 아내가 "이거 뭐야? 다른 여자랑 쓰려고 샀어? 나 화가 나!"라고 한다면 "팔팔정을 보고 많이 불안했구나"라고 답해줘야 한다. 단어와 단어 사이에 숨겨진 마음, 즉 남편을 향한 아내의 분노를 읽어내고 그것을 토닥여야 한다. 사람은 자기 감정에 타인의 지지를 받으면 내면의 서운함을 표현할 수 있게 된다.

만약 임신을 계획하고 있는 부부가 있다고 해보자. 배란일에 맞춰 관계하려고 기다렸는데 남편의 음경이 발기되지 않는다. 남편이 "다음에 하자…"고 했다면 여기에 숨겨진, 진짜 하고 싶던 말은 무엇이었을까? 아마도 "나 오늘 발기가 잘 안 돼. 어떻게 해야 할지 모르겠어" 같은 말이었을 것이다. 그런데 이 상황에서 아내가 "뭐? 오늘 꼭 하기로 했잖아"라고 다그친다면 남편은 "내가 정액 만드는 기계야?"라며 화를 낼지도 모른다. 이럴 때는 다음과 같이 대화해보자.

남편: 다음에 하자. (자신감이 떨어진 상태다.)

아내: 당신 스트레스가 많은가봐. ('다음에 하자'는 말에 숨겨진 본심을 읽어준다. 직접적인 발기 이야기는 남자에게 부담스러운 주제다.)

남편: 응. 부담되니까 더 안 되네. (솔직한 반응이 나온다.)

아내: 임신 가능한 날 무조건 관계해야 하는 게 많이 부담스럽지? (상대
　　의 감정을 읽어준다.)

남편: 응. 솔직히 우리 사이에 사랑은 전혀 없이 내가 정자 생산하는 기
　　계가 된거 같아서 힘들어. (상대의 공감적 태도에 더 깊은 이야기를 꺼
　　냈다.)

아내: 사랑 없는 관계라는 생각에 혼자 많이 힘들었겠다. (상대의 감정을
　　읽어준다.)

남편: 아니야. 당신이 얼마나 노력하는지 아는데…. 그냥 내 마음이 좀
　　그랬다는 거지. (내 감정이 빠져나가니 상대의 마음이 보인다.)

아내: 그동안 내가 당신에게 임신에 대한 부담을 준 것 같아. (상대의 감
　　정을 배려해준다.)

남편: 아니야. 임신은 우리 둘의 문제고, 또 당신이 생리가 시작되면 얼
　　마나 좌절하는지 아는걸. 오늘따라 이놈이 왜 말썽을 피우지? (웃
　　음) (다투지 않고 서로를 지지해주면서 문제는 사라졌다. 마지막에는 농담
　　까지 할 수 있었다.)

　현숙 씨 부부는 듣기와 말하기 기술을 새로 배웠다. 그리고
문제 상황을 가볍게 받아들이는 삶의 태도까지 습득했다. 삶이
란 풀어야 될 문제가 아니라 살아야 할 신비라고 장자가 말하지
않았는가. 상담이 끝난 후 현숙 씨는 이렇게 말했다. "팔팔정, 너

참 고맙다!" 현숙 씨 부부는 팔팔정 하나를 가지고 어떻게 대화를 풀어나가느냐에 따라 지옥과 천국을 오갔던 것이다.

사랑하라, 한 번도 상처받지 않은 것처럼

인간은 사랑을 갈구하고 사랑하는 사람과 행복하게 지내기를 원한다. 우리는 결혼하게 되면 핑크빛 인생을 살게 될 것이라고 기대한다. 누가 결혼이 지옥이라면 그 길을 걸어가겠는가. 하지만 상담을 오는 대부분의 사람은 결혼생활의 불행을 토로한다. "결혼하지 않았다면…." "더 나은 성생활을 할 수 있다면…." "배우자의 잔소리를 듣지 않을 수만 있다면…." "상대가 나를 이해해준다면…." 이유는 다 다르지만 한 가지 공통점은 지금의 상태가 불행하다는 것이다.

진성 씨는 아내에게 온 택배를 무심코 열어봤다가 부부싸움이 일어났다. 택배 상자 속에 섹시한 란제리가 있었기 때문이었다. "이런 거 입는다고 뭐가 달라지냐? 살이나 먼저 빼!" 아내는 시들해진 성생활에 활기를 불어넣고 싶어서 결혼기념일 이벤트를 준비하던 것인데 남편의 반응에 찬물을 맞은 듯이 식어버렸고 두 사람은 최악의 결혼기념일을 보냈다.

그런데 단지 아내의 란제리 때문에 결혼기념일이 최악으로 변했을까? 이 부부의 일상을 들여다보면 정서 공감대가 전혀 없다는 것을 알게 된다. 아침에 혼자 일어나 찌뿌둥한 상태로 출근을 하는 남편. 이 가정의 누구도 남편이 출근했는지 퇴근했는지 알지 못한다. 어제도 야근이라 11시에 퇴근했지만 아내는 곯아떨어져 있었다. 아직 어린 3살, 5살 남매를 혼자 키우기 때문이다. 밤새 깨는 아이를 재우느라 지친 아내. 남편이 일하느라 힘들 것이라고 생각은 하면서도 남편과 대화할 시간조차 마련하기 힘들다.

물론 이 부부에게도 달콤한 신혼 시절은 있었다. 하지만 출산 후 관계가 뜸해지더니 이제는 2년 동안 섹스리스가 되었다. 아내는 아이를 낳느라 10킬로그램이나 늘어난 몸매에 남편이 실망하지 않을까 고민했고 해결책으로 섹시한 란제리를 준비했던 것이다. "남편의 말에 많이 서운하셨겠어요. 그 말을 듣고 어떻게 반응하셨나요?"라고 묻자 아내는 "아무 말도 못했어요. 속옷을 주섬주섬 안고 방에 들어가 울었죠"라고 했다. 많은 사람이 자신의 불행한 결혼생활의 원인을 섹스에서 찾는다. 그러나 섹스리스는 원인이 아니라 결과일 때가 많다. 섹스리스라서 불행한 것이 아니라 불행해서 섹스리스가 된 것이다. 이때 점검해볼 중요한 포인트가 애착 유형이다. 정신분석학자인 존 보울비(John

Bowlby)는 유아기 시절 자녀와 부모(혹은 주 양육자)와의 관계를 연구해 그 유명한 애착 이론을 발표했다. 유아기 시절의 애착 유형은 그 사람이 성장한 후에도 평생에 걸쳐 인간관계에 영향을 끼친다. 성인의 애착유형은 안정형, 불안-몰입형, 회피형, 거부형으로 나눌 수 있다. (인터넷에서 애착 유형 테스트를 검색하면 쉽게 해볼 수 있다.)

· 안정형

자신을 긍정적으로 인식하며 타인에게도 긍정적인 태도를 지닌다. 상대에게 버림받을까 불안해하지 않고 상대와의 친밀감을 즐긴다. 상대의 감정을 잘 이해하며 갈등이 생기더라도 유연하게 풀어나간다.

· 불안-몰입형

자신에 대해서는 부정적으로 인식하고 타인에 대해서는 긍정적인 태도를 지닌다. 이런 유형은 타인에게 친밀한 관계를 지나치게 요구하는 특징을 지닌다. 낮은 자신감과 자존감을 채우기 위해 자신에 대한 애정과 관심을 지속적으로 확인받으려 한다. 상대의 관심과 애정을 잃을까봐 항상 불안해하고 상대의 행동을 심각하게 받아들이며 관계 유지에 많은 에너지를 쏟는다. 부정적인 생각에 잘 휘말리는 특징이 있다.

· 회피형

자신을 긍정적으로 인식하고 타인에 대해서는 부정적인 태도를 지닌다. 관계가 가까워질수록 자신의 영역이 없어진다고 생각한다. 상대와 너무 가까워지면 불편할 수 있으므로 거리를 두기 위해 노력한다.

· 거부형

자신과 타인에 대해 모두 부정적인 태도를 보인다. 자신은 사랑받을 가치가 없다고 믿는 동시에 타인과의 관계 형성을 시도하지 않고 회피한다. 자신의 부족함으로부터 다른 사람들로부터 버려질 위험을 사전에 차단한다.

네 가지 유형을 읽으면서 나는 어떤 유형이라고 생각했는가? 앞에서 나온 사례의 아내는 불안형 애착을 보였고 결혼 후 남편의 애정표현이 줄어든 것에도 불안해했다. 하지만 만약에라도 상대가 나에게 화를 낸다면 그 모습을 견딜 수 없기에 남편에게 불만을 표출하지도 못했다. "좋은 게 좋은 거지"라는 말로 자신을 다독였다. 하지만 감정은 참는다고 사라지지 않는다.

이처럼 애착 유형은 인간관계, 그리고 부부관계에도 큰 영향을 미친다. 이럴 때는 이제라도 안정적인 애착 성향을 만들기 위해 '안전기지'를 확보해야 한다. 안전기지란 어느 때든 "괜찮아"라고 말해주는 존재를 가지는 것이다. 애착의 핵심은 "내가 힘들 때 나를 따뜻하게 안아줄 수 있는 사람이 있는가? 그런 사람이 머릿속에 떠오르는가?" 하는 점이다. 어린 아기에게는 보통 엄마가 그 역할을 해준다. 이제 성인이 되었고 결혼을 했다면 배우자가 서로에게 안전기지가 되어줄 수 있다.

"헛소리할 힘 있으면 가서 빨래나 개!"

효과적인 의사소통을 하고 싶다면 사용하는 언어적 표현뿐만 아니라 비언어적 표현도 고려해야 한다. 메라비언의 법칙이라고 들어보았는가? 심리학자 앨버트 메라비언(Albert Mehrabian)은 표정, 몸짓, 목소리와 같은 비언어적 요소가 의사소통에서 중요하게 작용한다는 것을 밝혔다. (몸짓 55퍼센트, 목소리 38퍼센트에 비해 말하는 내용은 단 7퍼센트만 작용했다.) 여기서 정말 중요한 것은 '비언어적인 것이 더 중요하다'가 아니다. 메라비언 법칙의 본질은 '내가 사용하는 언어와 비언어적 표현이 일치해야 한다'는 것이다. 특히 섹스는 사랑을 나타내는 몸짓 언어의 하나다. 처음부터 딱 일치하는 대화를 할 수 있을까? 내가 살아온 세월만큼 나의 언어습관은 오래되었다. 그러다 보니 새로운 언어 습관을 장착하려다가 이전보다 더 자주 싸우고 갈등하게 될지도 모른다. 그래도 나와 네가 마음을 연결하기 위해서 건너야 할 다리의 한 지점이다. 어려운 이야기를 꺼내야 할 때일수록 두려움을 이기고 용기를 내야 한다. 한 번도 상처받지 않은 것처럼 사랑하라는 어느 시인의 말처럼.

의사소통할 때 단계적으로 대화를 이끌어나가는 것 역시 중요하다. 쉽게 말해서 분위기를 잘 잡으라는 뜻이다. 아내가 육아와 집안일로 지쳐 있는데 "오늘 뜨거운 밤 어때?"라고 불쑥 말하면 "헛소리할 힘 있으면 가서 빨래나 개!"라며 불호령이 떨어지지 않겠는가. 상담 중 "파트너와 솔직한 대화를 나눠보세요"라고 숙제를 내면 오래된 부부일수록 난색을 표한다. 그런 소리 꺼냈다가는 어떤 반응일지 훤하다는 것이다. 자, 이 책을 읽으며 이론은 마스터했는데 실전에 돌입하지 못하고 있는 커플을 위해 '말할 타이밍 잡는 법'을 알아보자. 심리학자 로널드 아들러(Ronald Adler)는 의사소통을 네 단계로 구분했다.

· 1단계: 일상적인 대화

· 2단계: 사실적인 대화

· 3단계: 의견을 나누는 대화

· 4단계: 감정을 나누는 대화

1단계 일상적인 대화는 "잘 지내세요?"나 " 날씨가 좋아요" 같은 것이다. 흔히 처음 만난 사람과 나누는 가장 표면적인 대화다. 2단계 사실적인 대화는 일상에서 조금 더 들어가 사실을 주고받는 것이다. 나의 직업, 나이, 거주 지역, 관심사 같은 것을 이야기하며 두 사람이 앞으로 나아가야 할 대화의 기반을 마련하는 과정인데, 처음 만난 남녀가 자기 소개하는 모습을 떠올려보면 쉽다.

다음으로 3단계 의견을 나누는 대화다. 여기에서는 본인의 생각을 말하며 나를 열어 보이게 된다. 직업에 대한 생각, 나이에 대한 생각, 관심사에 대한 생각 같은 것을 나누며 서로에게 호감을 느끼기도 한다. 마지막 4단계 감정을 나누는 대화는 가장 깊은 내면의 대화다. 3단계와 비슷하게 보일 수 있지만 큰 차이가 있다. "나는 골프장에서 만난 김 사장이 사기꾼 같아"는 의견이고 "나는 골프장에서 만난 김 사장이 사기꾼 같아. 여러 번 돈을 빌려줬는데도 아직 못 받아서 배신감이 들거든"은 감정이다.

그런데 우리는 가끔 말이 통하지 않아 답답한 경험을 한다. 의사소통이 단절되는 이유는 서로 다른 단계의 대화를 하고 있기 때문이다. 나는 '감정'의 대화를 하고 있는데 상대는 '사실'에 머물러 있을 때, 나는 감정 단계에 들어오지 않은 상대에게 공감받지 못한 외로움을 느낀다. 반대로 상대방은 아직 감정 단계에 들어가지 않았는데 불쑥 마음을 오픈하는 내가 당황스럽기만 하다. 꼭 깊은 단계의 대화를 나눠야 하는 것은 아니다. 중요한 것은 두 사람이 같은 대화의 단계에 머무는 것이다.

성관계는 인간관계의 한 부분이다. 인간관계가 어렵다면 성관계 또한 어려워진다. 섹스 역시 인간 대 인간의 문제라는 점을 빼놓고 고민하다 보면 자꾸만 엉뚱한 곳에 집착하게 된다. 음경이나 질을 성형하겠다거나, 이상한 스킬을 배워 '황금손'이 되겠다는 식이다. 파트너와의 성생활에 문제가 있는가? 잠자리가 불만족스러운가? 그렇다면 가장 먼저 시도해야 할 것은 파트너와의 대화다. 우리에게는 성적 대화를 나누는 문화가 없기에 파트너가 당황하거나 대답을 회피하고, 더 나아가 공격적인 반응을 보일지 모른다. 이런 반응을 보일 것까지 예상하고 있다면 대화를 끝까지 이어나갈 수 있다. 물론 우리 삶의 모든 상황에 대해서 준비하고 계획할 수는 없다. 그래서 여러 가지 자기표현을 배워 대처 능력을 길러야 한다. 때로는 이런 대화를 피해버리고 싶을 수 있다. 부끄러운 내 마음을 드러내는 것 같아서 불안하기도 하다. 하지만 불안 없는 삶이 완벽한 인생일까? 기쁘고 슬프고 두려워서 화가 나지만 그조차 받아들이게 되는 과정이 삶이고, 사랑이고, 섹스이지 않을까?

확대수술을 알아보기 전에 꼭 읽어야 할 이야기
— 트라우마 극복

옷 벗은 채 도망간 남자

우리는 어릴 때부터 너무 많은 문제를 해결해야 하는 문화 속에서 살아왔다. 온전히 나로 사랑받기보다는 최고가 되어야만 살아남는 사회에서 무엇이든 1등이 되어야 한다고 배웠다. 섹스도 마찬가지다. 음경 크기, 삽입 시간을 두고 우리는 무한히 경쟁한다.

야동을 한 번이라도 봤다면 알 것이다. 무시무시한 '대물'에 감격하는 여자의 반응 말이다. 그런데 야동에 출연하는 배우들은 사실 인위적 수술을 통해 크기를 키운 경우가 대부분이라는 점도 알고 있는가? 이런 영상에 익숙해지다 보면 크기에 비해 초

171

라한 나는 여성이 만족하지 못할 것이라는 불안감을 가지게 된다.

생각보다 많은 사람이, 특히 남성의 경우 섹스를 목표지향적으로 생각한다. 그녀를 만족시켜줘야 하고 오르가슴을 경험하게 하고 싶어 하는 것이다. 사정 배출, 오르가슴, 성적 즐거움, 그리고 나의 매력을 확인하는 용도로 섹스를 생각한다. 하지만 이런 목표로 섹스하게 되면 외적 불안은 끝없이 반복될 수밖에 없다.

더욱 심각한 경우도 있다. 섹스와 관련해서 불쾌한 경험을 했을 때다. 특히 첫경험에서 부정적인 일을 겪으면 성에 대한 트라우마가 생기기 쉬우며 발기부전이나 불감증의 원인이 된다. 어떤 이는 아예 성생활을 멀리하거나 이성과의 교류조차 힘들어할 수 있다.

하루는 20대 남성이 찾아왔다. 그는 젊은 나이였지만 여자친구와 잠자리를 하려고 하면 발기가 잘되지 않고, 되더라도 금방 죽어서 걱정이라고 했다. 건강 때문은 아니었다. 키가 작은 그는 콤플렉스를 극복하기 위해 어릴 적부터 식단 관리와 운동을 철저하게 해왔다. 겉으로 보기에도 튼튼해 보였다.

그는 스무 살 무렵 원나잇으로 만난 연상의 여성과 첫경험을 했다. 군대에 가기 전에 꼭 해봐야 한다는 친구들의 놀림 때문이었다. 어느 술집에서 만난 여성과 대화를 나누다가 모텔에 들어갔고 여성은 먼저 겉옷을 벗더니 침대 위로 올라갔다. 여성이 "뭐해? 어서 올라와"라고 했다. 낯선 상황에 어쩔 줄 몰라 쭈뼛대자 여성이 다가와 그의 바지와 속옷을 확 벗겨버렸다. 그는 수치스러워서 섹스고 뭐고 떠오르지 않았다. "죄송한데 저 그냥 가볼게요"라고 하며 뒤돌아 나가려 하자 그녀는 욕설과 함께 "×× 도 작은 게… 장난해?"라고 쏘아붙였다.

이후 그의 머릿속에는 '나는 작다'는 생각과 '나는 여자를 모르는 용기 없는 남자다'라는 생각이 떠나지를 않았다. 일종의 콤플렉스가 생긴 것이다. 매일 같이 인터넷에 '페니스 커지는 방법' '여자친구 사귀는 방법' 따위를 검색했다. 2년이 흘렀고 그는 한 여자를 만나 사랑에 빠졌다. 교제 100일을 기념해 두 사람은 예쁜 파티룸을 잡아 놀러갔고 자연스럽게 첫날밤을 보낼 계획이었다. 그런데 샤워 중 그는 '내 거기를 보고 실망하면 어쩌지?'라는 두려움에 사로잡혔다. 그래서 갑자기 급한 집안일이 생겼다고, 미안하다고 하면서 자리를 피해버렸다.

혼자 남겨진 여자친구가 몹시 당황했고, 두 사람의 사이가 끝났다는 것은 굳이 말하지 않아도 상상할 수 있으리라. 문제는 다음 연애였다. 이번에는 굳은 결심을 하고 애무까지는 성공했는데 도저히 발기가 되지 않았다. 여자친구는 이런 그를 이해해줬지만 그렇다고 영원히 첫경험을 피할 수는 없는 일이었다.

섹스에 고민과 어려움이 생겼을 때 많은 사람이 음경이나 질에 문제가 있다고 생각한다. 내가 작아서, 내가 덜 조여서 문제라는 것이다. 이런 식이라면 끝없는 불안에서 벗어나지 못한다. "거울아, 거울아, 세상에서 누가 제일 예쁘니?"라고 묻는 백설공주의 왕비처럼 평생 불안함에 나를 숨겨야 할 수도 있다.

첫경험에 대한 이 남성의 부정적 경험은 자신의 신체 이미지 형성에 상처를 입혔고 그 후 성행위에 대한 불안감을 가져왔다. 우리는 살면서 많은 문제에 직면하게 된다. 이때 정확한 원인을 찾지 않고 눈 가리고 아웅하는 방식으로 해결할 때가 많다. 아이가 아픈데 왜 열이 나는지 근본 원인을 찾지는 않고 계속 해열제만 먹인다면 잠깐의 증상은 해소되겠지만 같은 질병이 반복될 것이다.

섹스에 트라우마가 생기면 상대의 반응에 집착하거나, 파트너의 만족도를 과도하게 확인하려고 한다거나, 일부러 허세를 부린다거나, 아니면 관계를 피하는 등의 행동을 보인다. 내가 가지고 있는 문제를 어떻게 해결해야 할지 모르니 힘든 상황이 올 때마다 약한 부분을 보호하기 위해 이런 행동을 선택하는 것이다.

방어기제라는 용어를 들어보았는가? 이는 자아를 지키기 위해 욕망을 왜곡하는 것을 말한다. "××도 작은 게"라는 말은 "나는 성적 행위가 부족하다"라는 불안을 만들었고 이 불안함은 파국적인 비극을 상상하게 했다. "작은 나에게 만족하지 못해서 여자친구가 떠나가면 어떡하지?" "예전 남자와 비교해서 내 것을 조롱하면 어쩌지?" 이런 비극적 상상은 상처받는 나를 만들어낸다. 누구나 아픈 경험은 피하고 싶다. 그러니 자기 감정에 대한 방어기제로 허세를 부리거나 관계를 회피하는 것이다.

감정을 빼고 문제만 바라보기

너무나 진부하게 들리겠지만, 해결 방법은 사랑에 대한 믿음이다. "이런 나를 보여줘도 나를 사랑할 수 있겠니?"라며 있는 그대로의 나를 공개해야 한다. 물론 용기를 내기는 쉽지 않다. 이럴 때는 내 마음속 생각을 정리해보는 것이 도움을 준다. 지금부터 세 가지 질문을 하고 답을 찾아보자.

첫째, 이것은 누구와 관련되어 있는 문제인가? 지금의 여자친구와 관계할 때 어려움을 겪고 있다는 점은 분명하다. 이전에도 이런 경험이 있었는가? 그렇다. 이전 여자친구와도 문제가 있었다. 혼자 자위할 때는 어땠는가? 다행히 그때는 아무런 문제가 없었다고 한다. 자위할 때는 발기가 잘 되는데 여자친구와 관계를 하려고 하면 어렵다는 것을 구체화했다.

둘째, 어떠한 상황에서 문제가 발생하는가? "여자친구랑 있을 때 발기가 안 되요"라는 대답을 더 구체적으로 알아보는 단계다. "여자친구랑 스킨십을 할 때 항상 그렇나요?"라고 묻자 "자동차 안이나 길거리에서 뽀뽀하고 손 잡을 때는 흥분해서 발기가 된 적이 있었어요"라고 했다. 즉, 항상 그렇지는 않다는 사실을 알 수 있다.

그럼 언제 발기가 되지 않는 것은 언제인가? 그는 여자친구와 모텔에 들어갈 때까지는 괜찮다고 했다. 하지만 방에 들어가서 샤워를 하러 들어가고 물소리가 들리는 순간 긴장하면서 발기가 사그라들었다. 사람에 따라 발기부전과 같은 문제는 특정 장소, 특정 시점, 특정 상황에서 조건부로 발생하기도 한다. 이때 나에게는 어떤 반응이 생기는가? 화가 나는가? 땀이 솟는가? 어지러운가? 이 질문에 답을 하다 보면 '아무런 문제가 되지 않는 상황'과 '문제가 되는 상황'을 구별하게 된다.

셋째, 나의 어떤 행동이 불만족스럽다고 생각하는가? 이때는 카메라로 그 장면을 찰칵 찍고 사진을 보며 설명하듯이 '관찰 가능한 행동'만 묘사해야 한다. "내가 바보처럼 발기를 못하고 샤워실에서 가만히 있었어요"는 '바보처럼'이라는 나의 감정이 들어간 서술이다. 감정에 휩싸이면 자신의 행동을 바라보기 힘들어진다.

이 남성에게는 본인의 특정 행동을 알아보기 위해서 여자친구와 잠자리를 기록하는 일기를 써보라고 제안했다. 그는 보름동안 자신의 상황을 관찰해서 기록했고 여자친구가 먼저 샤워를할 때부터 걱정이 시작한다는 사실을 발견했다. 그리고 이때 자신은 침대에 가만히 앉아서 이 순간을 피할 궁리만 했다고 한다. '회사에 갑자기 일이 생겼다고 할까?' '나의 이런 모습을 보고 실망하면 어쩌지?' 감정적으로 힘든 상황에서 내가 어떻게 반응을 하는지 아는 것은 중요한 일이다.

· 나에게 힘든 상황은 모텔에서 여자친구가 샤워할 때다.

· 이런 상황은 대개 여자친구와 주말에 데이트할 때 발생한다.

· 나는 이럴 때 손가락을 입으로 가져가는 행동을 한다.

· 나는 내 몸을 상대에게 보여줄 수 없다.

· 왜냐하면 이런 모습을 보여주면 그녀가 나를 떠날 것이라고 생각하기 때문이다.

· 나는 회피형 사람이다.

자, 이렇게 문제를 구체화하는 작업은 문제를 객관적으로 바라보게 하는 좋은 과정이다. 이 남성은 자신과의 대화를 통해서 사랑하는 여자친구에게 다가갈 용기를 준비했다. 섹스 테크닉을 배우거나 수술로 신체를 바꾼 것이 아니라 마음을 열어 보이는 쪽을 택한 것이다. 성관계를 시도하고 발기가 되지 않을 경우 "나는 음경이 작아서 네가 실망할까봐 걱정돼. 그래서 발기도 잘되지 않았어. 나의 이런 모습을 보고 네가 떠나지 않을지 불안해. 어떻게 생각해?"라며 자리를 피하지 않고 솔직히 이야기를 나누기로 계획했다.

솔직히 이야기를 꺼내놓자 여자친구는 남성의 손을 잡고 입을 맞추면서 말했다고 한다. "오빠가 나에게 매력을 못 느끼는 줄 알았어. 그래서 나도 불안하고 슬펐지. 내 가슴이 작아서 그랬나, 샤워하면서 화장을 지웠더니 그러나, 고민하면서 혼자 몰래 울기도 했어. 오빠에게 이런 이야기를 꺼내고 싶었는데 어려운 말을 먼저 해줘서 고마워." 그날 밤, 이 남녀의 뜨거웠을 밤은 여러분의 상상에 맡기겠다.

이런 대화를 시작할 때 남성은 어떤 목표를 가지고 있었을까? 나의 어려움을 여자친구와 소통해서 한 단계 더 가까운 사이가 되겠다는 것이었다. 그런데 여기서 '언제나 발기를 잘해서 여자친구에게 강한 모습을 보여줘야지'라는 목표를 잡는 경우가 굉장히 많다. 때로는 어처구니 없는 결론에 도달하기도 하는데, 한 중년 남성이 부부관계 중 발기부전을 겪고 비뇨기과 병원에 다녀왔다고 한다. 그런데 의사가 "아내와 잘되지 않으면 다른 여자를 만나보거나 수술을 해보시죠?"라고 권했다고 한다. 우리가 섹스하는 이유는 서로의 몸을 느끼고 사랑하고자 함이 아니었던가? 다른 여자 앞에서 섹스 잘해봤자 무슨 도움이 되겠는가? 행동 목표를 설정할 때 놓치지 말아야 할 포인트가 있다. 이 행동을 통해 이루고자 하는 목표에 대한 정의다. 만지는 모든 것이 금으로 변하기를 원했던 마이더스 왕의 이야기가 있다. 그는 결국 아들까지 금으로 변하게 했다. 내 목표를 '발기가 잘되는 음경을 가지는 것'으로 착각하는 순간, 발기 때문에 소중한 내 파트너와의 관계를 잃어버릴지 모른다.

서지 않는 남자, 사랑을 의심하는 여자
— 불감증

온몸에 갑옷을 두르다

우리는 어린 시절부터 학교와 가정에서 섹스에 대한 부정적 교육을 받아왔다. 남성은 성적으로 상대를 만족시켜야 한다는 강박관념, 포경수술로 인한 상처, 자위에 대한 죄의식 같은 것 때문에 성을 즐기기보다 '남성으로서의 능력'을 검증받아야 한다는 부담감을 느끼며 이는 조루나 지루, 발기부전의 대표적 원인이 된다. 여성은 임신에 대한 불안감, 성적 욕구를 솔직하게 표현하면 안 된다는 압박 등을 겪는 경우가 많으며, 섹스를 원하지 않는 상황에서 남성의 요구에 맞추기 위해 충분히 흥분되지 않는 관계를 갖기도 한다. 여기에 제왕절개술, 자궁 수술, 출산 및 임신 같은 경험이 더해지면 질과 골반 조직이 무감각해질 수 있다.

30대 여성인 인경 씨도 이런 문제로 찾아왔다. "남편이 어느 날 심각하게 저를 부르더군요. 할 말이 있다고요. 저 보고 불감증이래요. 자기한테는 섹스가 너무 중요한데 제가 나무토막처럼 가만히 있는다고요. 본인이 뭘 잘못하고 있는 것 아닌가 싶기도 하다는데…." 남편 말을 들은 인경 씨는 깜짝 놀랐다. 섹스할 때 여자도 뭔가를 해야 한다고 생각해본 적이 없기 때문이다. 그녀는 성관계란 남자가 욕구를 해소하기 위해서 하는 것이라고 여겼다. 자신은 고통 외에 아무것도 느껴본 적 없었기 때문이다. 무감각, 불감증은 여성만의 문제가 아니다. 의외로 많은 남성이 관계 중 질 안에서 느낌을 받지 못해 고민한다. "힘 좀 줘봐" "조여 줘"라는 말을 했다가 여성이 상처를 받는 경우도 있다. 남성 불감증, 즉 남성이 성교 중 느끼지 못하는 것은 지루라는 말로 더 알려져 있다.

심리적 문제로 인해 신체 조직의 감각이 둔화되는 것을 신체 방탄복(body armoring)이라고 한다. 어린시절 울고 싶을 때 혼날 때 위축되었던 과거의 상처들이 우리 몸을 경직시키고 긴장하게 된다. 더 이상 상처를 입지 않기 위해 몸이 방어 반응을 보이는 것인데 타인의 행동에 무감각해지거나 부정적으로 된다.

이런 둔감화 상태가 되면 마음에 상처를 입지 않게 되니 좋지 않냐고 물을 수 있는데, 어떻게 한 번도 넘어지지 않고 걸을 수 있으며, 한 번도 울지 않고 웃을 수 있겠는가. 희로애락을 모두 느끼는 것이 인생인데 말이다.

둔감해진 신체를 깨우기 위한 마사지가 있다. 마사지를 통해 골반저근을 이완시키면 생식기 부위가 부드러워지며 민감해지는 것을 경험할 수 있다. 피부 표피를 마사지하면 부드럽고 유연해지는 감각이 깨어나게 된다. 성감이 향상되면서 지금까지는 상대의 만족에만 초점을 맞춰왔다면 이제는 내 몸의 온전한 느낌을 경험하게 된다.

마사지를 시작할 때 심각한 숙제를 앞둔 것이 아니라 편안한 놀이를 한다는 생각으로 입꼬리를 올리고 시작하는 것이 중요하다. 이런 편안함을 느끼려면 상대와의 친밀감이 기본이다. 부끄럽다면 눈을 감아도 괜찮지만 편안하게 서로를 바라보면 조금 더 교감할 수 있는 마시지를 경험하게 된다. 욕조가 있다면 따뜻한 물로 몸을 이완한 후 마사지를 받으면 더욱 좋다.

이제부터 뭉쳐있는 몸의 감각을 깨울 것이다. 마사지하는 사람은 마사지 받는 사람이 편안하게 자신의 이야기를 꺼낼 수 있도록 마음을 열고 들어준다. 닫혀 있던 두려움을 한 단계씩 열면서 몸의 갑옷을 벗게 된다.

질과 음경은 민감한 부위이므로 위생이 중요하다. 손톱을 짧게 깎고 다듬어 준다. 손은 비누로 깨끗하게 씻는다. 파트너가 불안해할 경우 라텍스 고무장갑을 이용하는 것도 좋다.

1. 식물성 오일을 준비한다. (스위트 아몬드나 코코넛 오일 등)
2. 마사지 받는 사람은 꼭 방광을 비워준다. 마사지하는 동안 소변이 마려운 느낌이 들 수 있으니 미리 화장실을 다녀온다.
3. 방안의 온도를 따뜻하게 높인다.
4. 조급하지 않게, 1~2시간 정도의 여유가 있을 때 시도한다.

남성의 경우를 먼저 살펴보겠다. 성기 마사지를 시작한다. 골반 동작과 골반저근 운동으로 골반 주변을 이완시켜준다. 이때 중요한 점은 처음부터 마지막까지 호흡에 집중하는 것이다. 손톱이 아닌 손가락의 끝부분을 이용해서 뼈와 근육 사이 부위를 풀어준다. 치골부터 시작한다. 뼈를 따라서 회음부까지 마사지해준다. 회음부를 할 때는 압력을 가해서 깊은 호흡을 한다. 한 곳에 10초 정도 머무르면서 전체적으로 풀어준다. 들이마시는 호흡에 새로운 생명력이 들어오고 내쉬는 호흡에 근육에 쌓여 있던 뭉쳐있던 것들이 풀어진다. 이번에는 음경 아래쪽의 음경 해면체 부분으로 간다.

양쪽 엄지손가락으로 귀두부터 꾹꾹 눌러서 전체적으로 마사지한다. 다음으로 귀두부터 원을 그리면서 내려간다. 이제는 음낭 부분으로 가서 살짝 압력을 주어 음낭과 주변을 풀어준다. 강하게 힘을 주면 아플 수 있으니 부드럽게 마사지해준다. 음경과 음낭, 그리고 골반저근 마사지를 통해 경직되고 긴장되어 있던 몸이 풀어지면서 민감한 감각이 깨어난다. 처음 이 마사지를 하는 사람은 당황하며 어떻게 해야 할지 어려워하기도 한다. 천천히 순서대로 나아가면 자신감이 생기며 몸의 변화를 느낄 수 있다. 일주일에 두 번씩 한 달만 꾸준히 해도 큰 변화를 만난다. '그곳'은 만지면 안 되는 곳, 느끼면 안 되는 곳이라고 생각했던 과거에서 벗어나 '더욱 깊이 느끼고 조절 가능하다'는 자신감이 생기고 정력 또한 향상된다.

성관계에서 남성은 능동적으로 리드하는 역할을 많이 맡는다. 그러니 이번에는 파트너에게 내 몸을 완전히 맡겨보자. 자, 파트너의 손이 내 몸에 닿았을 때 느낌에 집중한다. 어떤 느낌이 들었는가? 다음의 예시를 보며 파트너와 대화를 나누어보자.

· 단단하게 경직된 느낌인가?
· 부드럽다고 느껴지는가?

· 단단하지만 유연한 느낌인가?

· 만졌을 경우 아픈가?

· 아무 느낌이 나지 않는가?

다음으로 여성의 경우다. 가만히 서로의 가슴을 느끼는 포옹을 하고 서로의 몸에 시작을 알린다. 골반 부위와 허벅지 안쪽을 마사지하고 음순 쪽으로 옮겨간다. 살짝 강도를 주어서 풀어준다. 상대가 골반 부위를 풀어줄 때 편안히 받을 수도 있지만 능동적으로 엉덩이를 움직이면서 함께 풀 수도 있다.

다음으로 질 안쪽을 마사지하기 위해 손가락을 넣을 것이다. 그런데 남성이 먼저 여성에게 손가락을 삽입해도 되는 시점인지 반드시 물어본다. 이때 골반저 운동으로 숨을 들이마실 때(수축)와 내쉴 때(이완)를 구분해본다. 질에 손가락을 대고 수축과 이완의 차이를 알아보자. 손가락을 넣었다면 질벽을 마사지하는데, 이 부위를 이완시키기 위해 손가락으로 진동을 준다. 이 순간 과거의 부정적인 순간이 떠오른다면 깊은 호흡을 5회 반복한 후 과거의 장면 속으로 들어가서 그때의 감정을 표현한다. 여성이 감정을 소리 내어 표현할 수 있도록 남성이 옆에서 격려해보자.

다음 단계로 나아갈 때는 여성에게 지금 상태에 더 머물지,

다음 상태로 넘어갈지, 혹은 그만 멈출지 물어본다. 손가락으로 압력을 주면서 마사지를 받는 쪽과 하는 쪽이 함께 호흡해본다. 갑작스럽게 누르거나 찌르듯이 누르면 아프다. 서두르지 말고 이 순간에 정성을 다한다. 이게 바로 뭉친 감각을 깨우는 핵심이다.

질 위쪽, 요도 아랫쪽에 요도 해면체라는 부드러운 해면 조직이 있다. 이 부위에 작은 콩만 한 지스팟이 있는데 적당한 압력으로 마사지해보자. 이 부분의 위치를 찾는 것만으로도 굉장히 중요한 의미가 있다. 많은 여성이 지스팟의 위치를 모르기 때문이다. 이때 대화를 이끌어간다. "어느 부분이 좋아? 어떤 느낌인지 설명해봐"라고 물어보자. 지스팟에서 위, 아래, 앞, 뒤 등으로 원을 그리며 손가락을 다양하게 움직여 감각을 깨운다. 이때 가장 느낌 있는 터치 방법을 찾아서 흥분을 강화시켜보자. 하지만 한 번에 정확한 지점을 찾겠다고 욕심을 부리지는 말자. 처음에는 부분 찾기, 다음에는 좋은 느낌 가지기, 그 다음에 흥분감 느끼기가 목표며 마지막에 가서야 오르가슴을 깨울 수 있다.

우리는 마사지를 통해 서로의 신체 방탄복을 치유하는 효과를 경험하며 몸의 민감성과 예민을 높인다. 한 가지 더, 서로의 몸을 이해하고 사랑하는 시간을 가질 수 있게 된다. 이로 인해 침실에서의 서로를 향한 친밀감이 향상됨을 느낄 수 있다. 인경 씨도 상담을 통해 마사지 받는 방법을 배웠고 남편과 서로 부드럽게 실습했다. 남편의 손길이 닿는 순간 부끄럽고 조금은 불편했는데 호흡을 하면서 긴장을 내려놓았다. 남편이 "어때, 괜찮아?"라고 하며 편안하게 만져주니 몹시 흥분되었다. 이상하게도 깊숙한 짜릿함과 눈물이 나오기 시작했다고 한다. 남편은 당황해서 굳어버렸는데 인경 씨가 "바보야! 그냥 나 좀 안아줘"라고 했다. 남편이 꼭 안아주자 남편 심장이 인경 씨 가슴으로 들어오는 듯한 착각이 느껴졌다.

여자를 보면 도망가는 남자

불감증은 육체적 방법으로 해결되기도 하지만 심리적 문제를 풀어야 하는 경우도 있다. 30대 남성인 상민 씨는 젊은 나이였지만 평생을 불감증에 시달렸다. 상민 씨의 불감증이 어디에서부터 시작되었는지 알기 위해 다양한 질문을 했고 오랜 대화 끝에 과거 이야기를 듣게 되었다. 그는 척 봐도 잘생긴 '훈남'이었다. 그런데 그에게 외모는 축복이자 동시에 짐이었다. 고등학생 시절 버스에서 치한을 만난 적이 있었다. 모르는 여자가 슬쩍 뒤에 서더니 가슴을 상민 씨 등에 비벼대는 것이 아닌가. 흔히 성추행의 가해자는 남성, 피해자는 여성이라고 생각하기 쉬운데 이렇게 반대 상황도 자주 있다. 남성이라고 해서 아무 여자의 스킨십이 반가운 건 절대 아니다. 의외로 많은 남성이 수치심과 심한 좌절감에 그날의 기억을 잊지 못한다. 하지만 신고를 해봐도 "남자가 유난 떤다" "좋았던 거 아니냐"는 조롱을 받는다. 남녀노소를 떠나 누구든 성적 수치심을 느끼지 않도록 보호받을 권리가 있다. 그러나 상민 씨는 당시 적절한 대응을 하지도, 누군가에게 위로받지도 못했고, 그때부터 여자에 대한 혐오감이 생기기 시작했다.

그래도 모든 여성이 그런 사람은 아닐 것이라며 자신을 다독였다. 하지만 상민 씨의 악몽은 다시 시작되었다. 학교를 졸업한 후 택시 기사로 취직했는데 성추행이 다시 시작된 것이다. 택시에 타서 기사인 자신의 허벅지를 만지는 여성, 자기와 데이트하자는 여성, 치마를 입고 다리를 쫙 벌리는 여성…. 상민 씨가 여자에게 가지고 있던 그 모든 환상이 깨지는 순간이었다. 이로 인해 상민 씨는 성적 공포증(phobia)이 생기게 되었다. 공포증이란 불안 장애의 일종으로, 극도의 두려움이나 불안을 느끼게 되며 해당 물체나 상황을 피하려 하고 이 때문에 일상생활에 지장을 받는다. 공포증을 일으키는 상황에 접하면 공황 증세가 생기는데, 불안하고 땀이 나며 가슴이 두근거리는 증상을 말한다. 심한 경우 과호흡이 온다.

주변에서는 늘 혼자인 상민 씨를 보고 소개팅을 주선해주었다. 여성을 소개받아 만나는 것까지는 괜찮았다. 하지만 상대가 호감을 표현하며 친밀감을 보이면 불안해지고 그 자리를 피하고 싶은 마음이 들었다. 어느 날, 소개팅 상대와 영화를 보는데 여성이 상민 씨 어깨에 머리를 기댔다. 그 순간 상민 씨는 "잠시 화장실 좀"이라면서 그 자리를 피했다. 화장실에 가자 이마에 땀이 나고 현기증 증세가 생겼다. 상민 씨는 화장실에서 생각했다. '평생 이렇게 살 수는 없다. 나도 드라마에 나오는 낭만적인 사랑을 하고 싶다. 여자친구를 사귀면서 손도 잡고 싶고, 달콤한 키스도 하고 싶다.' 하지만 그의 현실은 엉망이었다.

성적인 의미를 지닌 행동은 그에게 수치심을 불러오고 이는 다시 불안이라는 신체 반응을 가져왔다. 자, 그럼 상민 씨는 이럴 때 어떻게 해야 할까? 어떤 상황에 두려움을 느낀다면 그 두려움을 낮추는 방법이 있다. 뱀을 보고 공포에 빠지는 사람이 있다면 먼저 뱀의 그림에 익숙해지는 훈련을 하고, 그 다음에 아주 작고 귀여운 뱀을 멀리서 바라보는 식으로 점점 상황에 익숙해지게 이끄는 것이다. 이 행동 요법을 탈감작화(desensitization) 이완 방법이라고 부른다. 상민 씨는 그동안 이성과의 성접촉을 회피하기만 했다. 하지만 이제는 0~10까지의 단계로 점수를 매겨 불안한 감정을 스스로 점검할 수 있도록 하였다. 0점은 마음이 아주 편안한 상태고, 10점은 아주 불안한 상태다.

> 질문: 영화관에서 여자친구와 팝콘을 먹을 때는 어느 정도의 불안감을 느끼나요?
>
> 답변: 보통입니다. 한 4점요.
>
> 질문: 그럼 여자친구와 팝콘을 만지다가 손끝을 스치면 어떨까요?
>
> 답변: 6점 정도요. 긴장이 약간 시작될 거 같아요.
>
> 질문: 여자친구와 손을 잡는다면 어떨까요?
>
> 답변: 그건 6~7점. 제가 먼저 잡는다면 만져지는 것이 아니기에 좀 더 편할 수도 있을 거 같아요.

여기까지 대화를 진행한 다음 "그럼 다음에 여자친구를 만나면 손을 먼저 잡아보는 게 어떨까요?"라고 물었다. 그는 "아주 좋아요. 피할 방법만 생각했지 먼저 스킨십을 시도해봐야겠다는 생각은 해보지 못했어요. 토요일에 데이트하기로 했는데 그때 해볼게요"라고 답했다. 이런 과정을 통해 상민 씨는 자신의 감정을 스스로 조절하는 방법을 하나하나 알게 되었다. 물론 극심한 불안감이 올라올 때는 그만두고 진정하기 위해 호흡했다. 그래도 점차 나아졌으며 내 안의 장벽을 조금씩 낮춰갔다. "손잡는

게 뭐라고. 왜 그렇게 불안해하니?"라고 비난할 수 있는 사람은 아무도 없다. 그로서는 자신의 삶을 지키기 위한 최선의 방법이었을 것이니. 이제 그는 용기 내서 알을 깨어보고 있다. 여자친구의 손을 잡아보고 안심하고, 다음에는 손을 잡아보고 편안함을 느끼고, 그다음에는 손에서 그녀의 따뜻함 또한 느꼈으리라.

온전히 나를 지지하라

물론 불안감이 한 번에 뚝딱 사라지지 않는다. 어느 날 갑자기 길을 걷는데 여자친구가 볼에 입을 맞췄다. 상민 씨는 강한 불안감을 느꼈다. 그 순간 그는 깊은 호흡을 10번 하고 감정의 점수를 떠올렸다. '나 지금 8번 상태구나.' 그러나 감정에 휘말리지 않고 자기 자신을 알아차리게 되었다. 상민 씨는 이렇게 자신만의 속도로 삶을 살아가고 있다. 가다가 넘어지기도 하고 주저앉기도 하지만 본인을 비난하거나 조롱하지 않고 온전히 나를 지지하고 토닥였다. "저, 오늘 드디어 여자친구와 키스에 성공했어요. 그런데 이 기분이 황홀함인지, 공황으로 인한 과호흡인지 잘 모르겠어요. 여자친구 입술이 제 입에 닿는 순간 현기증이 나서 주저앉을 뻔했거든요. 하지만 감정 점수를 떠올렸을 때 스스로에게 3점을 주었어요." 마치 어린 날의 첫사랑처럼 천천히 한 걸음씩 걸어가는 상민 씨의 이야기를 들으며 이 커플의 앞날을 응원했다.

어디서부터 시작해야 할지 모르겠다면
— 자위

아무것도 몰라요

미래 씨는 결혼 준비 중인 여성이다. 그녀는 지금 만나는 남자친구가 아주 다정하고 믿음직스럽다고 했다. 잠자리에서도 그랬다. 이전에 사귀던 사람은 '이 남자가 성욕을 위해 나를 만나는구나'라는 생각이 들도록 행동했지만 지금 남자친구는 완전히 달랐다. 관계 중에도 자주 챙겨주고, 싫으면 안 해도 되니 편하게 말하라고 했다. 그럴수록 미래 씨 마음은 더욱 열렸다. 하지만 미래 씨는 잠자리에서 어떻게 해야 할지 전혀 모르겠다고 했다. '이게 좋은 건가, 아닌가?' '눈을 감아야 하나, 말아야 하나?' 미래 씨는 친한 친구들 사이에서도 '순백'으로 통했다. 야동조차 제대로 본 적이 없었기에 친구들이 야한 이야기로 수다를 떨기라도 하면 끼지 못하고 멀뚱멀뚱 있었다. 미래 씨는 나이를 먹고도 아무것도 모르는 자신이 너무 창피하고 부끄러웠다.

우리는 학교에 입학하기도 전부터 읽기와 쓰기를 익히고 10살 무렵이면 구구단을 줄줄 외지만, 막상 자기 몸에 대해서는 아무것도 배우지 못한다. 다음의 질문에 스스로 대답해보자.

· 내 몸과 마음이 작동하는 방식을 알고 있는가?
· 성을 즐겁게 표현하는 방법을 알고 있는가?
· 신체적 즐거움을 위해 나의 몸을 만져본 적이 있는가?

신체의 즐거움이란 자기 사랑의 또 다른 표현에 지나지 않는다. 오랜 세월 신체의 만족에는 나쁜 딱지가 붙어 왔다. 흔히 받는 것보다 주는 것이 더 훌륭한 일이라고 가르침을 받아왔다. 그런데 내가 가진 것이 없으면 줄 수 없다. 자기 만족이 중요한 이유는 나에게 즐거움이 있을 때 상대에게도 그 즐거움을 줄 수 있기 때문이다. 자, 그럼 나를 기분 좋게 하는 다양한 방법을 배워보자.

여기서 배움의 첫 번째 자세, 모른다고 창피해할 필요는 없지만 스스로를 위해서 더 늦기 전에 배우겠다고 결심해보자. 그런데 대체 무엇을 어떻게 배워야 할까? 성에 대한 정보는 공개되지 않은 루트로 전달되는 일이 많다. 그러니 미래 씨처럼 성욕이 강하지 않거나 성에 대한 관심이 적은 사람이라면 막막하거나 두렵게 느껴진다. 이럴 때 자극적인 포르노를 찾아보면 잘못된 지식을 쌓거나 거부감이 커질 수 있다. 성에 입문하는 첫 단계로는 자위를 추천한다. 스스로의 몸으로 즐거움을 느끼고 나면 자연스레 흥미가 생기고 다음 단계로 나아가게 되기 때문이다. 대문호 윌리엄 셰익스피어(William Shakespeare)는 이렇게 말했다. "자신에게 진실되려면 밤이 낮을 따르듯 자신을 충실히 따라야 한다. 그러면 너는 누구에게도 거짓되지 않으리니."

남성은 보통 14~17세에 첫 자위를 시작하며 10대 시절에는 주 2회 이상 자위하는 비율이 높았다. 그러니 스무 살 무렵에는 무려 최소 1,000번의 자위를 경험한 셈이다. 당연히 내 몸의 어디를 만지면 즐거운지 확실히 알고 있다. 한편 여성은 자위를 시작하는 나이가 매우 폭넓은데, 10~30대로 집계되며 횟수도 주 2회부터 3개월에 1회까지 다양한 분포를 보인다.

상담이나 강의에서 만나는 여성 가운데는 자위 경험이 없거나, 잘 몰라 헤매는 경우가 적지 않다. 실제로 한 여성은 평생 한 번도 느끼지 못했는데, 자신이 신체적 결함을 가진 것은 아닌지 걱정하고 있었다. "섹스가 아니라 자위를 통해서도 느끼지 못하셨나요?"라고 질문하자 자신의 몸을 직접 만져본 적 없다는 대답이 돌아왔다. 얼굴에는 스킨, 로션, 에센스까지 열심히 바르면서 자신의 음순은 만져본 적도, 그냥 구경해본 적도 없는 것이다. 이럴 때 내 몸을 혼자서도 느낄 수 있도록 질 감각을 체크하는 방법을 알아보자.

방법은 간단하다. 일단 손끝을 외음부에 아주 살짝 가져간다. 이때 피부 감각에 집중한다. 다음으로 외음부 전체에 손끝으로 원 모양을 그리며 부드럽게 터치해본다. 역시 피부에 감각이 오는지 집중한다. 손으로 그리는 원의 크기를 점차 줄여서 마지막에는 음핵 주변을 어루만지도록 한다. 여기까지도 피부 감각에 문제가 없었다면 이번에는 질 내부로 손을 아주 조금만 넣어본다. 질 감각을 체크하는 데는 꾸준한 노력이 중요하다. 하루에 한 번씩 시도하면서 가능하다면 내 안의 질의 다양한 곳을 손가락으로 만나보자. 그리고 느껴보자. 이 과정은 적어도 보름에서 한 달 이상 걸릴 수 있으니 조급해하지 말고 매일 반복해야 한다. 체크리스트를 실천한 이 여성은 2주 후 "어머, 느낌이 왔어요. 제 몸에 문제가 있는 게 아니었네요"라며 기뻐했다.

하지만 이런 방법을 알려드려도 혼자 실천하는 경우에는 작심삼일이 되기 쉽다. 그래서 내 경우에는 여러 내담자를 모아 카톡으로 '21일 실천방'을 만들어서 서로 응원하고 격려하도록 했

2장 여보, 씻는다니 그게 무슨 말이야?

다. 카톡방에서는 성에 관한 이야기 외에도 일상적인 대화가 오가기도 한다. 하루는 한 여성이 "손주를 볼 수 있어서 감사해요"라고 올렸다. 그러자 카톡방에 있던 20대 여성이 놀라서 말했다. "손주…? 이런 고민을 50~60대에도 하시나봐요?" 그렇다. 성은 평생의 즐거움이자, 평생의 고민이다. 피부를 20대만 관리하는 것이 아니듯 나의 음순, 질도 평생을 만지고 살펴야 한다.

자위는 내가 가장 사랑하는 나와의 섹스

여성 자위계의 대모라고 부를 수 있는 인물이 있다. 미국의 성교육자인 베티 도슨(Betty Dodson)이다. 도슨은 여성의 성해방을 위해 자위의 중요성을 알려 사회를 바꾼 인물 중 하나로, 여든이 넘은 나이에도 자위법을 코칭한 백발의 선구자였다. 여성의 자위는 크게 8단계로 구성되어 있다. 하나씩 알아보자.

1단계는 거울을 보고 자신에게 사랑한다고 말하는 것이다. 어색하고 부끄러울지도 모르지만 밝은 얼굴로 자신을 바라본다. 예쁜 목소리로 이름을 부르기도 하고, 양팔을 들어 스스로 감싸 안는다. "나는 나를 사랑해"라고 말하며 2주 동안 반복한다.

이제 2단계로 넘어갈 차례다. 몸의 긴장을 풀기 위해 따뜻한 물에 몸을 담근다. 로맨틱하면서도 섹시한 분위기를 즐길 수 있도록 향기, 거품, 음악을 이용하자. 물과 비누가 묻은 몸을 부드럽게 문질러본다. 성적으로 고조되는 느낌이 든다면 손가락이나 손바닥을 통해 생식기 전체를 어루만져도 좋다. 호흡하며 음핵의 느낌에 집중해보자.

몸을 씻었으면 물기를 말린 후 거울 앞에 서서 3단계로 넘어간다. 은은한 조명을 켜고 나의 몸을 보자. 나의 몸은 사랑스럽다. 단점은 잊어라. 자기 자신에게 칭찬하면서 내가 명화 속에 등장하는 누드처럼 우아하다고 생각해보라. 미켈란젤로의 조각품이 되었다고 생각해도 좋다. 말랐든, 풍만하든, 크든, 작든 그 자체로 당신은 예술적이다.

4단계는 셀프 마사지다. 거울 앞에서 온몸에 오일을 바르자. 엄지손가락으로 머리와 목이 만나는 지점을 눌러본다. 배, 허벅지, 종아리 같은 곳은 손바닥으로 원을 그리며 쓰다듬는다. 몸의 구석구석을 놓치지 않고 느껴보자.

5단계는 생식기를 향해 나아갈 차례다. 평소에는 들여다보지 못했던 나의 생식기를 거울에 비춰보자. 대음순을 벌려도 보고, 질 안쪽은 어떻게 생겼는지도 살펴본다. 모양, 색깔, 크기, 촉감을 다양하게 느끼고 음핵의 위치도 확인한다. 호흡하면서 질과 항문에 힘을 뺀다. 손끝만 사용해서 질 입구, 질 내부를 조금씩 만져본다. 음핵도 살짝 비빈다. 질에서 촉촉한 액이 나오면 냄새를 맡거나 맛을 봐도 좋다.

6단계에서는 조금 더 대담한 동작을 시도할 것이다. 어릴 적 방문을 닫고 가수가 된 상상을 하며 나 혼자만의 콘서트를 해본 적 있는가? 오늘은 옷을 벗은 채로 춤을 추고 놀아보자. 유혹적인 자세로 자위를 해봐도 좋다. 나의 매력에 스스로 빠져본다.

자, 실컷 놀았으면 7단계에서는 분위기를 바꿔보자. 영화감독 우디 앨런(Woody Allen)은 자위를 '내가 가장 사랑하는 사람과의 섹스'라고 했다. 그렇다. 나는 지금 내가 가장 사랑하는 나와 섹스를 할 것이다. 어떤 분위기가 좋을지 떠올려보고 무드를 잡는다.

마지막으로 8단계에서는 오르가슴을 느낄 것이다. 이제 모든 준비가 끝났다. 몸을 이완하고 마음의 긴장을 없앤다. 두 손으로 내 몸을 애무하고, 성감대라고 생각하는 부분은 특히 더 사랑해준다. 오르가슴은 한 번에 찾아오지 않을 수도 있다. 오히려 그런 경우는 드무니 조급해하지 말고 지금을 즐긴다.

자위는 성에 대한 관심을 키우고 성감을 발달시키는 데 가장 좋은 방법이다. 또한 자위는 자존감을 높이고 나를 사랑하게 만드는 효과도 있다. 불감증으로 찾아온 60대 여성이 있었다. 그녀는 평생 한 번도 섹스가 즐겁다고 생각한 적 없었는데, 신체

기능도 모두 활발했으며 파트너와의 관계에서도 원만하게 잘 지냈다. 그럼 그녀가 섹스가 한 번도 즐겁다고 생각할 수 없었던 것은 어떤 이유 때문이었을까?

하루는 그녀가 아주 오래전 일을 꺼냈다. 중학생 시절, 동네 놀이터에 갔는데 모르는 아저씨가 으슥한 곳으로 불렀다. 가까이 가자 그녀의 속옷 안쪽으로 남성의 손이 들어왔다. 너무 순식간이라 어떻게 해야 할지 모른 채 서 있었는데 남성이 "네 몸에 더러운 게 있으니 아저씨가 빼줄게"라고 했다. 당시 어린 소녀였던 이 여성은 무척 큰 수치와 공포를 느꼈을 것이다. "집에 가서 어머니께는 말씀드렸나요?"라고 하자 "집에 여러 문제가 있어서 엄마가 너무 힘들어하는 시기였어요. 차마 제 일은 입에 올리지도 못했고요"라고 했다.

이 여성은 당시 이야기를 아무에게도 한 적 없다고 말했다. 40년이 넘는 세월 동안 마음 깊숙한 곳에 '내 몸에 더러운 것이 들어 있다'는 생각을 품고 있었고, 불감증을 겪게 되었으며, 더 나아가 자존감 부족에 시달리게 되었다. "남편과 관계하려고 하면 뭔가 불안감이 올라왔어요. 그것을 들키면 나를 떠날 것 같은 불안감이었죠. 하지만 부부관계가 다 그런 줄 알았어요. 우리 때는 즐기고 그러는 시절이 아니었잖아요." 환갑이 넘어서야 불감증을 고치기 위해 상담을 신청했고 자위를 통해 '내 몸은 더러운

2장 여보, 씻는다니 그게 무슨 말이야?

것이 아닌, 있는 그대로 소중하고 아름다운 곳'이라는 인식을 가지게 되었다. 그녀에게 자위는 육체적 위안뿐만 아니라 정신적 위안도 가져다준 것이다.

이혼 사유 1순위는 '성격 차이' 아니라 '성적 차이'
— 죄책감과 회피

엉덩이를 들썩이는 새신부

모든 인간은 성적인 존재다. 성생활로 태어나지 않은 인간은 없다. 하지만 긍정적인 첫경험이 아니라 부정적인 첫만져짐(성폭행, 성추행 등)은 우리를 성에서 멀어지게 한다. 순결해야 한다는 강요나 상대의 성욕을 해소시켜야 한다는 의무감 같은 문화적 짐이 더해지며 어깨는 무거워져 간다.

사회가 성을 억압하기도 한다. 빅토이라 여왕 시대에는 자위를 금지하기 위한 정조대가 유행했고 자위 금지 포스터가 거리에 붙기도 했다. 자위를 하면 눈이 멀고 뼈가 녹는다거나 임신 중 성관계를 하면 성적으로 조숙한 아이가 태어난다는 소문이

도는 경우도 있었다.

미국 캘로그 콘프로스트의 기원을 아는가? 아메리카 대륙에 거주하기 시작한 청교도들이 청소년의 자위를 막기 위해 식물성 식품을 만들어 먹인 것이 시초였다고 한다. 인간의 성생활에 대한 연구가 활발해진 것은 무려 20세기에 들어서다. 영국에서는 《성 심리(The Psychology of Sex)》라는 책이 출간되었는데 외설물로 당국에 의하여 고발당하기도 하였으며 금서 취급을 당해 의료전문가만 읽을 수 있었다고 한다.

우리나라도 마찬가지였다. 유교 문화권에서 성은 보수적이고 폐쇄적이며 억압되었다. 1955년대에 발행된 신문에는 이런 기사가 실렸다. 일명 '카사노바 박인수 사건'이다. 이 남성은 수십 명의 여성에게 혼인빙자 간음을 하였다. 그런데 그중에서 처녀, 즉 성경험이 한 번도 없던 여성은 한 명뿐이었다. 이때 판사는 다음과 같이 말하였다. "법은 정숙한 여인의 건전하고 순결한 정조만을 보호할 수 있다. 정조는 여성에게 생명이다." 그렇다면 처음이 아닌 여성의 정조는 보호할 가치가 없다는 뜻일까? 이 황당한 '정조 관념'은 무려 최근에도 발생했다. 2018년 한 성폭력 사건에서 판사가 판결에서 '정조'라는 단어를 사용한 것이다. 그렇다. 2020년대에도 산부인과에서는 처녀막 재생술이 시행되고 있다. 혼전순결이 여성의 덕목으로 생각되고 있다는 뜻이다. 어느 병원 후기를 보면 이런 내용이 등장한다. '첫날밤 침대 시트에 묻은 혈흔을 보자 남자친구가 꼭 안아줬어요.'

여성의 순결과 임신에 대한 사회적 인식은 개인의 생각을 만들고, 개인의 생각은 세대를 거쳐 전해진다. "여자친구가 다소 곳하게 생겨서 사귀기 시작했어요"라던 남성이 있다. 그는 어머니로부터 "색기 있는 여자를 조심해라. 그런 여자 만나면 패가망신한다"는 말을 수없이 들었다. 여자를 잘 만나야 남자가 잘된다는 어머니의 조언을 신념처럼 여겼다. 모범생이던 그는 얌전하게 부모님 말씀 잘 듣고 자랐고 성인이 되어 결혼을 약속한 여자친구가 생겼다. 그리고 둘만의 첫날밤, 이 남성은 여자친구에게 "너 처음 맞지?"라고 물었는데 놀랍게도 그녀는 아니라고 했다. 결혼까지 약속했는데 속았다며, 이런 여자와는 빨리 헤어져야겠다고 이 남성은 결심했다.

또 다른 남성이 있다. 그는 순수한 사랑을 했다. 결혼식을 올리고 첫날밤을 보내게 되었다. 그런데 사랑하는 새신부가 엉덩이를 들썩이는 것이 아닌가. "제가 알기로는 처음이면 아파해야 하고 피도 나야 하는데 이 여자는 전혀 그렇지 않았어요. 저는 완전히 속아버렸어요!" 그는 문란한 여자와 결혼했다는 배신감에 휩싸였고 여자의 과거를 믿지 못하게 되었다.

이 남성이 상담을 신청한 이유는 여자의 과거를 알아낼 방법이 없겠냐는 것이었다. 처녀가 아닌 것 같은데 이 의심이 맞는 것인지, 이전에 다른 남자가 있었다면 지금은 완전히 헤어진 것인지 궁금하다고 했다. 자기와 성관계를 하면서 새로운 사람을 찾지는 않을지, 머릿속으로 무슨 생각을 할지도 불안해했다. 자, 이 사연을 듣고 어떤 생각이 드는가? 헤픈 여자에게 당한 불쌍한 남자로 보이는가? 아니면 이 남성이 아무래도 정상은 아니라고 느껴지는가?

다른 신념을 가졌을 때 일어나는 비극

만약 배우자와 성에 대한 관념이 다르면 어떤 문제가 일어날까? 바로 비극이 시작된다. '이만하면 이 사람과 결혼해도 되겠지'라던 남녀가 결혼 직후 한 공간에 살게 되는 순간부터 둘이 얼마나 달랐는지 깨닫게 된다. 양말을 세탁기에 넣는 남자와 그 자리에 벗어놓는 여자. 먹은 자리를 1시간 후에 치우는 남자와 바로 치워야 직성이 풀리는 여자. 저축이 중요한 남자와 지금을 즐기는 것이 중요한 여자…. 섹스는 수많은 차이점 중 한 가지다. 그런데 양말을 세탁기에 넣을지 말지를 두고 토론하는 것과는 다르게 섹스에 대한 논쟁은 금기로 남겨진다. 불만이 있어도 입

밖으로 꺼내지 못한 채 참고 참다가 한순간 폭발한다.

여기서 한 가지 기억하자. 이 변화의 시작은 '상대'가 아니라 '나'여야 한다. 불행한 부부를 상담할 때면 꼭 듣게 되는 질문이 있다. "제 배우자가 달라질 수 있을까요?" 우리는 상대를 바꾸기 위해 끊임없이 노력한다. 네 행동은 틀리고 내가 옳다. 그러니 네가 행동을 당장 고쳐라. 이런 생각에서다.

우리는 상대가 왜 그런 행동을 했는지까지는 궁금해하지 않는다. 상담 중 한쪽에서 "저, 죽을 만큼 힘들어요. 이 시련이 언제쯤 끝날까요"라고 하자 배우자가 맞받아쳤다. "당신만 힘들어? 나는 더 힘들어." 단 1회 상담을 받고 나서 "저 사람이 전혀 달라지지 않았어요"라며 하소연하는 부부도 있다. 불교에서는 가슴에 맺히는 일을 매듭으로 풀이한다. 지금까지 묶인 매듭이 많다면 풀어야 할 매듭도 많은 법. 관계가 변하는 속도는 결코 빠를 수 없다. 하지만 매듭 하나가 풀릴 때마다 힘들어했을 상대가 보이고 무정했던 나를 반성하게 된다. 이렇게 마음의 얼음을 녹이다 보면 작은 온기가 퍼져나가며 그 옆의 얼음까지 녹인다는 것을 잊지 말아주었으면 한다.

넘어도 될 선과 넘지 말아야 할 선
— 음란물과 음란행위

    세상에서 가장 어려운 일이 무엇일까? 아마도 '적정선을 지키는 것'일 듯하다. 기름진 음식을 과하게 먹어서 비만이 되면 위험하지만 삐쩍 마른 몸매를 동경해 무작정 굶는 것도 위험하다. 섹스도 그렇다. 더럽고 무서운 일로 여길 필요는 없지만 섹스 때문에 내 삶과 가정이 파괴되도록 방치해서도 안 될 것이다.

    40대 상민 씨가 도움을 청해왔다. 단정하고 깔끔한 옷차림에 미소가 참 따뜻한 그는 사업에 성공한 CEO로 물질적으로나 시간적으로나 여유가 있었다. 그는 한가한 낮이면 가끔 퇴폐 마사지숍이나 윤락업소를 찾아다닌다고 했다. 문제는 그가 점점

211

강한 쾌락을 원하게 된다는 점이었다. 어느 날 그는 '쓰리썸'을 볼 수 있는 곳에 초대받았다. 은밀히 운영되는 회원제 관전클럽이었다.

상민 씨가 언제부터 이런 곳을 가게 되었는지 이야기를 들어보니 20대 시절 친구들과 흥미로 한두 번 갔던 것이 결혼 후 자주 가는 것으로 연결되었다고 했다. 특히 아내가 임신하고 출산하며 관계가 뜸해지자 더 자주 가게 되었다고 했다. 아내와의 관계를 물으니 그는 "가정에 아무 문제 없습니다. 아내와 섹스도 주기적으로 하고 있고요"라고 답했다. "이건 개인적인 취미일 뿐이에요"라며 선을 그었다. 그에게 아내는 아내고 유흥은 유흥이었다.

상민 씨는 서른 무렵 아내를 만났다. 어느 정도 사귀다가 아내가 "우리 결혼해야 하는 거 아냐?"라고 해서 그렇게 했다. 엄청나게 사랑하는 것은 아니었지만 그렇다고 부족한 여자도 아니었으니까. 신혼 시절, 아내는 자기를 사랑하지 않는 것 같다며 자주 화를 냈다. 상민 씨는 이런 아내를 위해 더 좋은 집으로 이사하고 더 비싼 자동차로 바꿨다. 이런 것이 아내의 마음을 채워줄 수 있으리라 생각했다.

하지만 싸움은 반복되었다. 그렇다고 상민 씨가 가정적이지 못한 것도 아니었다. 다른 친구들은 퇴근 후 술이니 골프니 놀러

다니기 바빴지만 그는 집으로 가 살림을 도왔다. 어린 아이들을 목욕시키고 재우는 것, 빨래하는 것은 온전히 상민 씨 몫이었다. 그래도 아내 얼굴은 활짝 웃는 날이 없었다. 이런 생활이 반복되다 보니 퇴근 후면 집에 들어가기 전 잠시 쉴 곳이 필요했다. 자동차에서 혼자 자위하고 귀가한 적도 있었다. 그리고 '혼자의 시간'을 늘려가던 그는 결국 온갖 업소를 전전하고 있었다. 상민 씨는 이런 자신이 정상인지, 과연 이 습관을 끊을 수 있을지 궁금해했다.

모범생, 나이 40에 일탈을 꿈꾸다

훤칠한 키에 호감형 외모를 가진 진후 씨는 40대 후반의 나이에 대기업에서 승승장구 중인 엘리트였다. 돈, 명예, 학벌, 집안, 외모…. 무엇하나 빠지지 않는 삶의 주인공인 그의 고민은 딱한 가지였다. "이제 저도 곧 50이에요. 그런데 저는 평생 모범생으로만 살았어요. 어려서는 어머니 말씀 듣고 공부했고, 나이 먹어서는 아내에게 헌신했어요. 직장에서도 최선을 다했고요. 그런데 이렇게 사는 제 자신이 너무 불쌍해요." 이런 고민을 왜 성상담소에 찾아와서 털어놓는지 의아하다고? 핵심은 다음 발언에 있다. "그래서 말인데, 지금이라도 다른 여자를 만나고 싶어요. 진짜 제 마음 알아주는, 진정한 떨림을 느끼게 하는 그런 여자요."

평일에는 일하고, 주말이면 가족과 캠핑을 다니며, 강남 아파트에 살고 대기업에서 아직도 미래가 유망하다. 아이들은 잘 크고 성적도 좋다. 모두가 부러워하는 생활을 하고 있지만 상민 씨는 행복하지 않다. 사실 아내와도 4년째 섹스리스 상태다. 아내와의 관계를 상담받고 싶지는 않냐고 묻자 "그건 됐어요"라고 한다. 그는 마음속에서 아내의 자리를 지운지 오래였다.

결혼 초, 아내는 시댁에 드리는 용돈에 불만을 보였다. 빠듯한 월급 생활에 매월 50만 원을 드리기는 부담된다는 것이었다. 결혼할 때 그의 부모님이 아파트를 해주셔서 남보다 안정적으로 출발할 수 있었는데, 받은 것에 대한 고마움은 없이 용돈만 아까워하는 아내를 보니 실망스러웠다. '내가 사람을 잘못 봤구나. 참하고 예의 바른 여자라고 생각했었는데.'

시댁과의 문제로 감정의 골이 깊어질 무렵 진후 씨 어머니가 췌장암 판정을 받았다. 직장생활 때문에 도저히 시간을 낼 수 없었던 그는 아내가 자신을 대신해 어머니를 간호해주기 바랐다. 그러나 아내는 일주일에 한 번 가는 것이 고작이었다. 물론 아이들이 어렸지만 잠시 친정에 맡기고 갈 수 있지 않냐고 그는 생각했다. 어머니는 한 달을 병원에 계시다가 돌아가셨다. 그리고 그때 아내에 대한 마음의 문이 굳게 닫혔다. 이게 4년 전으로, 이때부터 부부는 그저 같은 집에 사는 남이 되었다.

이렇게 되니 진후 씨는 외롭고 쓸쓸했다. 중고등학교 시절 입시 공부하느라 푸릇푸릇한 연애 한 번 못해본 것이 억울했다. 스무 살 넘어서도 내 눈에 예쁜 여자를 만나기보다는 어머니가 원하는 여자를 만났다. 살면서 한 번쯤은 원초적 섹스를 해보고 싶었다. 정신을 차릴 수 없을 만큼 온몸의 감각을 바짝 태워버리는 그런 섹스 말이다. 언제까지 이렇게 살 수는 없지 않냐고 자기 자신에게 묻다가도, 도덕적 가치관에 매여 이러지도 저러지도 못하는 중이었다.

연애와 결혼은 달랐다

이런 고민이 단지 두 남성만의 것일까? 남녀를 떠나 누구든 결혼을 하면 갑자기 변해버린 자신의 역할에 크나큰 부담을 느낀다. 남성은 경제적 부양에 대한 책임감으로 가장의 무게를 짊어지는 경우가 많다. 한편 여성은 연애 시절 귀엽고 다정하던 여자친구가 아니라 아이를 기르는 어머니로 변신한다. 결혼 전, '너와 나'는 삶의 최우선순위였다. 하지만 가정을 지키기 위해 두 사람은 일터로, 육아로 모든 신경을 돌린다.

이런 상대에게 서운해하는 배우자는 정말 많다. "아내가 달라졌어요. 연애할 때는 제가 아프면 죽을 사다줬거든요. 그런데 어제는 열이 난다고 했더니 '애 아빠가 몸 관리도 못 해? 애한테 옮기면 어쩌려고'라고 하는데 서운했어요." 그러다 보니 남편에게도, 아내에게도 더 이상 가정은 쉴 곳이 아니게 된다. 한 남성은 퇴근 후 집에 가면 어디에 앉아야 할지 모르겠다고 한다. 안방은 아내 것이고, 작은방은 아이들 것이라고 했다. 그래서 거실에서 쉬려고 하면 아내가 "애들 공부하잖아. TV 꺼"라고 하고, 대신 스마트폰을 들여다보니 "폰 좀 그만 봐!"라고 잔소리만 들었다. 여성도 마찬가지다. 워킹맘으로 일하는 여성이 이런 말을 했다. "지난 연휴 때 당직이 필요하다고 해서 얼른 지원했어요. 집에 있느니 출근하는 게 훨씬 편하거든요."

앞의 두 남성 사례로 돌아가보자. 이 두 사람은 어떻게 해야 할까? 머리에 두건을 두르고 '정신 통일'을 외치며 바른 자세 사나이로 돌아가면 될까? 그래봤자 근본적인 원인은 그대로일 것이다. 특히 여성에 비해 감정 소통 능력이 부족한 남성은 이런 상황을 받아들이고 해결하기보다 동굴로 들어가려고 하는 경우가 많다. (흔히 회피형이라고 한다.) 그러면 아내는 동굴로 들어간 남편을 보며 고래고래 소리 지른다. "당장 나와. 아니면 내가 처들어갈 거야!"

상민 씨는 진후 씨와 다르게 본인 행동에 대한 미안함과 죄책감을 느끼고 있었으며 본인 행동을 바꾸고 싶은 마음이 컸다. 그래서 상민 씨와 함께 그가 원하는 삶을 그려보았다.

- 무엇을 원하는가? (want)
- 원하는 것을 위해 무엇을 하고 있는가? (doing)
- 그 행동은 원하는 것을 얻는데 효과적인가? (evaluation)
- 효과적인 행동을 계획해보자. (plan)

우리네 삶에서 길이 보이지 않을 때가 있다. 이때 내가 원하는 삶을 그려보는 것이 등대 역할을 해주고는 한다. 물론 원하는 삶이 쉽게 보이지 않을 수도 있다. 그럴수록 복잡한 감정을 빼고 안개를 걷어내면서 내가 진짜 원하는 길을 탐색해야 한다. 이 길을 찾을 때 사용하는 두 가지 질문이 있다. '만약에 내 삶이 일주일 남았다면 그 일주일을 어떻게 보내고 싶나요?' '나에게 요술 램프가 있다면 지니에게 어떤 삶을 달라고 하고 싶나요?' 이 두 개다.

상민 씨는 두 질문에 "세계 일주를 하고 싶어요" "금발의 여인을 만나고 싶어요"처럼 여러 가지를 꺼내놓기 시작했다. 할 수 없는 일만 이야기하다가 할 수 있는 것에 초점을 맞추어 이야기하니 화색이 돌기 시작한다. 그러던 중 결혼 초 아내와 서울 근교에 전원주택을 짓고 살고 싶었던 꿈이 떠올랐다. 그리고 최근까지 아내가 그 이야기를 했던 것이 생각났다. 상민 씨는 한 달 뒤 땅을 사고 집을 지어서 전원생활의 꿈을 이루었다. 상담과 함께 부부관계 수업도 들었는데, 일상에서 본인이 아내의 대화에 응답하기보다는 회피하고 있었던 점을 깨달았다. 아내가 "설거지 좀 도와줘"라고 했을 때 상민 씨는 설거지를 하고 싶지 않아도 그러겠다고 해왔다. 상민 씨 부부는 각각 직장 일과 가정 일을 분담하기로 했으니 상민 씨가 설거지를 꼭 해야 하는 것은 아니었다. 그래도 상민 씨는 아내의 심기를 거스르고 싶지 않아서 그저 "응"이라고 답해왔다. 하지만 이제는 "당신이 오늘 많이 힘들구나. 나 지금 TV 보는 중이니 이거 끝나고 할게"라고 말할 수 있게 되었다. 다른 날에는 "나 오늘 너무 피곤해서 그냥 쉴래"라고 본인 의사를 분명하게 밝히기도 했다. 착한 척하는 남편이 되는 것을 포기하고 자신의 욕구를 존중할 수 있는 남편이 된 것이다. 사소한 대화에서 시작된 변화는 부부의 섹스도 바꾸어놓았다. 지금 상민 씨 부부는 서로의 성적 판타지를 추구하며 재미있는 성생활을 즐기고 있다. (듣기로는 안방 천장에 거울을 달았다고 한다.)

그럼 진후 씨는? 상담 3회차까지 그는 자신이 성실한 직원, 좋은 남편, 다정한 아빠로 살아오면서 답답했던 이야기를 꺼내놓았다. 그런데 진후 씨 마음에는 더 깊은 이야기가 있을 것만 같았다. 4회차, 드디어 그 지점이 열렸다. 그는 어릴 적 수필을 쓰고 그림 그리기를 즐기는 소년이었다. 그런데 지금은 어쩌다 보니 성격과 맞지 않는 회계 전문가가 되어 있었다. 낭만적인 사랑을 꿈꾸던 10대 소년은 사라졌고 그 자리에는 아내를 미워하는 자신만이 남아 있었다. 그가 회계를 택한 것도, 아내를 택한 것도 모두 어머니의 영향이라고 했다. 그에게 어머니의 존재는 왜 이렇게 컸던 것일까?

그의 어머니는 따뜻한 분이셨다. 그가 사춘기 시절, 강압적이던 아버지에게 반항해 가출하면 어머니가 수소문해서 친구 집에 찾아오셨다. 하지만 그는 "얼른 집에 가자"며 말을 건네는 어머니 손을 밀치며 밖으로 뛰어나갔다. 이 이야기를 하면서 진후 씨는 눈물을 흘렸다. 못난 아들 때문에 어머니는 항상 마음 졸이며 살아야 했다고, 씻지 못할 죄송한 마음뿐이라고 했다. 어머니 이야기가 나온 후, 그에게 다시 물었다. "어떤 삶을 살고 싶으세요? 무엇을 원하시나요?" 그는 드디어 "아내와의 관계를 돌리고 싶어요. 섹스리스도 풀고 싶고요"라고 했다. 밉기만 했던 아내에게 어머니의 모습이 투영되면서 안쓰럽게 느껴진다고 했다. 자기만 바라보는 아내인데 그런 아내를 진후 씨의 어머니처럼 외롭게 버려둔 것 같다고 했다. 한편으로는 아버지에게 사랑받지 못했던 어머니의 모습이 떠오르기도 했고, 그토록 닮고 싶지 않던 아버지처럼 살고 있는 자신이 보인다고도 했다.

남편이 즉석 만남 앱에 가입했다

자기 자신을 조절하기 힘들다며 찾아오는 경우도 있지만 배우자의 성적 일탈 때문에 상담을 신청하는 경우도 있다. 지은 씨도 그러했다. 성실한 아내이자 두 아이의 엄마인 그녀는 어느 날 남편의 스마트폰을 봤다. 남편이 샤워하러 간 사이 알람이 울렸는데 그 순간, 여자의 직감이 움직였다고 했다. 어떤 앱을 통해서 모르는 여자에게 메시지가 와 있었다. '뭐야?'라고 생각하며 누르니 그곳에는 생전 처음 들어보는 음란한 언어가 가득했다. 화들짝 놀랐고 남편이 욕실에서 나오기 전에 얼른 앱 이름을 메모지에 적은 뒤 폰을 제자리에 올려놓았다.

그날 밤, 남편이 잠들기를 기다렸다가 자기 스마트폰으로 그 앱을 설치해봤다. 지은 씨는 온몸이 떨렸다고 했다. 남녀의 만남을 주선해주는 앱이었고 아마도 남편은 메시지를 주고받는 정도에서 그친 것 같았다. '내 남편은 왜 이런 곳에서 놀고 있었을까. 도대체 무슨 짓까지 했을까.' 두렵고 무섭고 눈물이 났다. 그후 일주일 동안 지은 씨는 시간만 나면 앱에 접속했다. 그리고 남편으로 추정되는 사용자를 찾아내 행적을 하나하나 좇기 시작했다. '맙소사!' 남편은 본인 성기 사진을 게시판에 올리고 여기저기 댓글도 달며 열심히 활동했다. 정말 내가 알던 남편이 맞나 의심이 들 지경이었다. 한편으로는 "내게 만족하지 못해서 그랬을까?"라고 고민했다.

지은 씨는 마음이 너무 괴로워서 그냥은 못 있겠더라며 남편을 부르고 폰을 내밀었다. "나 당신 폰에서 이런 거 봤어." 심장이 두근거렸지만 애써 침착을 가장했는데, 남편이 적반하장으로 나왔다. 화를 내면서 왜 남의 폰을 마음대로 보냐고 몰아세웠다. 남편이 그렇게 화내는 모습은 처음이라 지은 씨는 놀랐다. "저는 그 사람이 '그냥 심심해서 그랬어'라고 할 줄 알았어요." 지은 씨의 기대와 달리 엄청난 잘못을 들킨 사람처럼 나오는 저 태도란…. 그날 두 사람은 자기도 모르게 소리를 질렀다. 어떻게 그럴 수 있냐고, 당신 이런 변태였냐고, 창피하지도 않냐고 외치면 남편도 가만히 있지 않고 맞받아쳤다. 이후 상황은 더욱 악화되었다. 잠을 자던 아이는 놀라서 깼고, 지은 씨는 펑펑 울기 시작했다. 남편이 현관을 쿵 닫더니 나가버렸고 지은 씨는 아이를 달래며 생각했다. '우리 사이에 무슨 잘못이 있었던 걸까? 남자의 세계란 원래 그런 걸까?'

앞에서 설명했듯이 결과로 드러난 행동에 중심을 두는 것보다는 그 원인을 이해하는 것이 중요하다. 배우자의 일탈이나 외도를 맞닥뜨렸을 때 우리는 크나큰 상처를 입는다. 존 보울비는 어렵고 힘든 관계를 박탈(deprivation)이라는 말로 표현했다. 지은 씨와 같은 상황에 처한 내담자는 배우자의 상태를 궁금해한다. 그리고 혼자 상상의 나래를 펼치며 점점 더 심각한 시나리오에 빠져버린다. 결국 배우자의 일탈 그 자체보다는 일탈에 대한 나의 해석이 더욱 깊은 상처를 만든다.

혼자 상상하지 않고 당사자에게 물어봐도 비슷하다. "당신, 이거 어떻게 된 일이야?"라고 물어봤자 남편은 아내에게 들키고 싶지 않았던 수치스러운 사생활이 드러났다는 점에 당황하고 상황을 부정한다. "아니야, 오해야"라고 하면 아내는 더 명확한 증거를 찾아 재빨리 내민다. 빨리 사실을 밝히라고 취조하는 형사와 범인이 되어버리는 것이다. 모든 것이 적나라하게 드러나면 그제야 사실을 털어놓는다. 그럼 남편은 어쨌거나 마음이 홀가

분해지는 기분을 느낀다. 그런데 말하라고 해서 말했더니, 이제는 아내가 고통에 빠져버린다. 그렇다고 자신을 코너까지 몰며 쥐 잡듯이 하던 아내에게 위로하거나 다가가기도 이상하다.

착한 사람과 착한 척하는 사람

다행히 지은 씨의 경우에는 남편이 먼저 상담을 받아보자고 말했다. 남편은 본인이 잘못했으며 죄책감을 느끼고 있다고, 어떻게 해야 아내 마음을 풀어줄 수 있는지 모르겠다고 고민했다. 이런 갈등 상황은 부부 사이를 점검할 수 있는 좋은 기회다. 남편에게 그동안의 결혼생활이 어떠했는지 이야기를 들어보았다. 남편은 자유와 성취에 대한 욕구가 높은 사람이었다. 결혼 전에는 사회인 야구동호회 생활을 했다. 유일한 취미생활이었지만 결혼하고 아이를 낳으면서 아내는 야구동호회에 강하게 분노하기 시작했다. 혼자 아이를 키우는 아내에게 미안하고 본인이 생각하기에도 이기적이라는 생각에 야구를 그만두었다. 야구를 하던 시간에 이제는 스마트폰을 보며 시간을 보내게 되었고 어느덧 나쁜 재미에 빠져들게 되었다고 했다.

남편은 후회뿐인 나쁜 재미에서 벗어나 다시 건강한 가정을 되찾고 싶어 했다. 지은 씨 남편 역시 자신의 힘든 상황을 아내에게 말하기보다는 그냥 참는 '착한 척하는 남편'이었다. 내가 "야구를 다시 시작해보면 어떠세요?"라고 하자 바로 "아내가 많이 싫어할 거예요"라고 답할 정도였다. "지금 본인은 아내를 굉장히 위한다고 생각하시죠? 그런데 매사 아내만 배려하다가 아내에게 가장 상처를 주는 행동으로 뒤통수를 치신 거 아닌가요?" 그제야 그는 무언가 깨달은 듯했다. 차라리 나쁜 남편이 되더라도 본인이 행복한 취미생활을 찾아보도록 했다. 주말 야구동호회를 가되 가족과 함께 참여하는 계획을 세웠다. 남편은 본인의 야구 역사를 이야기하며 얼굴에 미소를 가득 띠웠다. 야구 이야기가 끝나자 남편은 아내인 지은 씨의 어려움이 보이기 시작했다고 말했다. 숨기고 싶은 모습을 들킨 죄인에서 이제는 한 아내를 지켜야 할 남편으로 되돌아온 것이다.

슬픔과 외로움의 처방은 무엇일까? 바로 사랑이다. 관심과 사랑을 구하던 배우자가 다른 사람을 사랑해버리면, 그래서 나를 떠날 것 같은 감당하기 힘든 순간을 경험하게 되면 우리는 자기 몸과 마음의 통제권을 포기하게 된다. 지은 씨의 경우에는 과호흡으로 그 증상이 드러났다. 가끔 누가 봐도 이상하다 싶을 만큼 숨을 쉬었는데 그럼 남편은 "마치 저를 혼내려는 것 같이 느껴졌어요"라고 했다. 이런 증상을 회복하려면 자기 몸과 마음에 대한 소유권을 되찾아야 한다. 자신이 알고 있는 사실을 편안하게 받아들이고, 자신이 느끼는 것에 압도되거나 분노하거나 주저하지 않고 한발 물러서서 관찰해야 한다. 지은 씨 부부에게는 두 사람이 함께하는 솔루션을 제시했다.

첫 번째, 과호흡이 일어날 때는 꼭 안는다. 우리 심장에는 아픔을 치료할 수 있는 사랑의 힘이 있다. 한 손은 등, 다른 손은 머리에 둔다. 두 번째, 아내와 함께 호흡을 찾아온다. 이때 호흡이 들어가고 나가는 것을 느낄 수 있도록 심장 부위를 가볍게 눌러준다. 한 호흡당 10초를 센다. 1분당 6번의 호흡을 한다. 숫자에 맞춰서 같이 호흡을 하며 원상태를 회복한다. 숨을 들이쉬면서 하나, 둘, 셋, 넷, 다섯. 다시 내쉬면서 다섯, 넷, 셋, 둘, 하나. 본래의 호흡을 찾을 때까지 반복한다. 세 번째, 아내가 호흡을 되찾으면 다시 꼭 안는다. 네 번째, 과호흡이 일어났을 때 어떤 생각이 떠올랐는지 물어본다. 그리고 아내의 이야기를 듣는다. 아내의 이야기가 자신을 비난한다고 생각하지 말고 객관적으로 듣는다.

상처받은 배우자는 상처를 준 상대에게 마음을 열고 용기를 내어 자신이 느끼는 상실감과 고통의 본질에 대해 이야기해야 한다. 상대의 잘못보다는 나의 깊은 감정에 초점을 맞춰 이야기한다. 내 감정을 상대에게 명확하게 전달하는 것이 핵심이다. 또한 상처를 준 배우자는 잘 듣고 파트너의 상처를 이해하고 느끼기 시작해야 한다. 이 과정에서 방어하거나 회피하는 자세는 더 큰 상처를 줄 수 있다. 그리고 구체적인 상황보다는 상처받는 파트너의 상처에 집중한다. "이렇게 불안하게 해서 미안해"라며 눈을 바라보고 진심으로 대답해준다.

우리는 감당하기 어려운 일이 발생하면 그 과거를 잊으려고 노력하며 산다. 하지만 그 과거에서 벗어나려면 과거를 적극적으로 느끼고 이해해야 한다. 또한 움켜쥐고 있던 감정을 내려놓아야 한다. 둘이 함께한다면 그 속도는 더 빠르다. 지은 씨와 남편은 조금씩 일상으로 복귀했다. 가끔은 아이를 친정에 맡기고 단둘이 데이트하기도 했다. 남편은 한동안 어색한 티를 냈지만 그래도 곧 "이런 시간 가지니 참 좋다"고 전했다. 살다 보면 겨울이 끝날 것 같지 않을 때가 있다. 하지만 자연의 시간은 우리에게 말해준다. 곧 봄이 온다는 사실을….

꽁꽁 얼어 있는 몸을 녹이는 방법
—질 경련

"질이 꽁꽁 얼어버렸어요"

아무리 노력해도 질에 음경을 삽입할 수 없다는 여성이 생각보다 많다. 첫경험이라면 미숙해서 그럴 수도 있으나 오래된 관계에서도 삽입이 안 되면 남녀 모두 걱정하기 마련이다. 보통 이런 상황을 여성은 다음과 같이 묘사한다.

"제 몸이 꽁꽁 얼어버리고 말았어요."
"질이 완전히 닫혀버린 거 같아요."
"망치로도 깨지 못할 거예요."
"누군가 뻥 열어주었으면 좋겠어요."

"저만 이런 거 같아서 너무 속상하고 외로워요."

이런 증상을 질 경련이라고 하며 질 경련이 일어나는 여성은 다음과 같은 문제를 겪는다.

- 성관계 중 타는 듯한 고통을 느낌
- 성관계 중 다리와 허리 등에 경련이 발생함
- 성관계 중 호흡이 중단됨
- 삽입이 어렵거나 불가능한 상태가 됨
- 통증 및 삽입 실패로 인해 성관계를 회피함
- 탐폰 사용이나 산부인과 검사에도 불안해함

질 경련은 몸과 마음에서 비롯되는 증상인데 겪어보지 않으면 얼마나 고통스럽고 답답한지 알지 못한다. 병원을 찾았다가 "자주 하면 괜찮아져요"라거나 "아이를 낳으면 괜찮아져요"라는 답변을 듣고 더 큰 상처를 받는 경우가 많다. 그럼 어떻게 해야 할까? 90퍼센트 이상의 여성이 개선 효과를 느낀 방법을 소개하겠다.

질 경련으로 어려움을 겪고 있는 여성의 과거를 탐색하다 보면 원치 않는 경험이나 부정적 기억이 있는 경우가 많다. 30대 초반의 한 여성은 초등학생 시절 허벅지 안쪽을 다쳐 병원에 갔다가 기분 나쁜 일을 겪었다. 모르는 아저씨(의사)가 자기 다리를 벌리고 여기저기를 보는 것 아닌가. 평범한 진료였을지 모르지만 어린아이 입장에서는 무서웠다고 한다. 그 후 이 여성은 산부인과라면 절대 가지도 못했고 결혼 3년차인데도 삽입 섹스를 전혀 하지 못했다. 삽입을 시도하면 질 입구가 긴장되며 굳는 증상이 발생한다. 은행 문이 닫힐 때 센서가 작동해서 셔터가 내려가는 것처럼 질 입구에 무언가 다가오면 딱 닫혀버린다.

미국 정신의학자 윌리엄 글래서(William Glasser)는 우리 몸의 활동이 행동하기, 생각하기, 느끼기, 신체 반응하기의 네 가지로 이루어진다고 말한다. 몸의 부정적인 생각하기는 뇌로 수신되고, 우리의 느끼기와 신체 반응하기는 닫히는 증상을 나타낸다. 그렇기 때문에 우리의 목표는 행동과 생각을 바꾸어서 몸의 부정적인 신체 반응 패턴을 긍정적으로 바꾸어야 한다. 이 과정에는 상상, 손가락, 진동기 파트너의 음경으로 삽입이 편안해질 수 있다.

많은 여성이 부정적인 반응에 대한 어려움은 호소하면서 왜 그런지에 대한 답은 찾지 못한다. 내 신체에 대한 첫만져짐의 부정

229

적인 경험은 나의 질에 두려움을 일으키는 원인이 될 수 있다. 다른 신체적 질병이 질 삽입 두려움의 원인을 될 수 있으므로 병원에 가서 정확한 진단과 치료 과정을 가지는 것을 추천한다. 하지만 앞서 예를 들었던 여성처럼 병원과 의사에 대한 두려움이 있다면 일단 병원에 가는 것을 첫 번째 목표로 삼고, 두려움을 여러 단계로 나누어서 한 단계씩 함께 밟아나가는 것이 중요하다.

몸이 표현하는 이야기를 적어본다. 나의 신체적 현상의 부정적인 생각 패턴과 행동을 인식하는 데 도움이 된다. 부정적인 사고 패턴은 행동으로 나타나거나 생각을 고정해버린다. 우선 걱정과 두려움에 대해 적는다. 내 감정에 대해 글을 쓰면서 그때 다음에 일어나는 몸의 반응에 대해 쓰고 내몸이 겪는 일을 조각조각 쓴다.

- (커플이라면) 삽입이 어려울 때 파트너와 어떻게 성관계를 했는가?
- (싱글이라면) 연애하게 될 경우 삽입 섹스를 할 수 없는 것이 우리 관계에 어떤 영향을 미칠까?
- 고통 없이 삽입 섹스가 가능해지면 어떤 긍정적인 효과가 있을까? 구체적으로 적어보자.

여성은 사회적으로 '아래쪽'을 숨겨야 할 곳, 부끄러운 곳으로 배운다. 그렇기에 나를 만나는 것은 중요하다. 나의 몸과 친해지고 익숙해지면 내 몸에 자신감이 생긴다. 내 몸과 친해지는 방법으

230

로 앞서 배운 골반저근 운동을 한다. 근육을 움직이면서 '이 부분은 불수의적으로 움직이는 곳이 아니다. 나 자신이 주도권을 가지고 움직일 수 있는 곳이다'라는 것만 알게 되어도 자신감과 편안함을 느끼게 된다.

남성의 생식기는 외부에 있다. 어떻게 생겼고 어떤 기능을 하는지 이해하기 쉽다. 하지만 여성은 전혀 다르다. 가만히 있으면 음순으로 가려져 있다. 안을 보기 위해서는 거울과 좋은 조명이 필요하다. 그래서 어떻게 생겼는지, 어떤 움직임이 있는지 평생을 살면서 한 번도 보지 못했었다고 말하는 여성이 많다.

안타깝게도 많은 여성이 자신의 몸과 친해지는 시도를 하지 않는다. 자, 그럼 해부학적으로 여성인 나의 몸을 알아보자. 외음부를 둥근 시계 모양에 빗대어 설명하겠다. 예를 들어 음핵은 12시이다. 우선 준비 사항이 있다. 침실과 같이 편안하고 개인적인 공간을 마련한다. 거울, 조명, 오일, 편안한 음악, 아로마 향기도 갖춰보자. 샤워를 하고 하의는 탈의해준다. 몸은 앉는 자세를 취한다. 편안함을 위해 베개나 쿠션을 받친다. 무릎을 구부린 상태에서 엉덩이를 바닥에 두고 앉아자. 이제 시작 전 호흡을 한다. 불편함과 두려움이 올라온다면 편안하게 나를 바라봐준다. 그리고 긍정해준다. "겁이 나는구나. 무섭구나. 괜찮아. 너를 해치는 건 아니야."

호흡을 깊게 마시고 내쉰다. 다리 사이에 천천히 거울을 넣고 내 성기를 바라본다. 내음부(질)와는 다르게 외음부는 쉽게 볼 수

231

있다. 모든 사람의 몸은 다르다. 살며시 손가락을 외음부에 가져다 본다. 이때 느껴지는 촉감에 집중하자. 긴장하거나 불편해지는 나의 감정을 가만히 들여다본다. 내 몸을 새롭게 프로그래밍하기 위해서 내 몸과 친해지는 첫 번째 관문은 아주 중요하다.

2단계 골반저근 운동

나이와 성별에 상관없이 나의 신체에 대해 모르는 사람이 정말 많다. 12시 방향으로 음모, 치골(뼈)이 있다고 생각해보자. 부드럽게 뼈를 눌러 느낌을 확인한다. 대음순은 생식기 양측에 있는 두툼한 부위다. 질 입구와 안쪽을 보호하기 위해 쌍으로 덮고 있다. 대음순은 3시와 9시 방향에 존재한다. 소음순은 대음순을 살짝 벌리면 나오는 안쪽 입술이다. 매끄럽고 털이 없으며 사람에 따라 분홍색, 자주색, 갈색 등이다. 소음순도 3시와 9시 방향에 있다.

음핵은 보이는 부분과 보이지 않는 부분으로 나눠서 설명하도록 하겠다. 보이는 부분은 12시 방향의 음핵을 덮고 있는 음핵 표피와 그 안의 음핵으로 작은 살색 진주 모양이다. 이 부위는 8,000개의 신경 선이 지나가므로 유희의 핵심이다. 많은 여성은 음핵을 자극하면 매우 기분이 좋아지고 성적 흥분이 일어난다. 빙산처럼 눈에 보이는 부분은 아주 일부로, 음핵부터 음순 뒤를 지나 항문 쪽으로 보이지 않는 기관이 숨어 있다. 음핵 전체에는 약 15,000개의 신경선이 있다.

다음으로 요도다. 음핵에서 내려가면 소변이 나오는 요도가 있다. 이것은 소변이 몸에서 배출되는 길이다. 대음순, 소음순, 음핵, 요도가 어디에 있는지 관찰해보자. 요도 바로 아래에 질 입구가 있다. 그 부위에서 느껴지는 감각과 닿는 느낌이 집중하라. 입구의 크기가 어떤지, 삽입을 할 수 있을 것인지는 아직 생각도 하지 말자. 질 입구와 주변 근육이 단단히 수축되면 질 입구가 매우 좁게 닫힌 것처럼 보인다. 질을 통해 생리혈이 통과하고 남자의 성기가 들어가 정자가 이동하며 아기가 태어난다. 자궁을 보호하기 위해 좋은 박테리아가 유해 박테리아의 발생을 방지한다.

이제 처녀막으로 가보자. '처녀'와 '막'이라는 단어가 합해져 있는데, 마치 성 경험이 없는 여성만 가지는 구조라는 생각이 담겨 있다. 이 용어가 부적절해서 질막, 질주름이라는 용어로 대체하자는 의견이 많다. 특별히 어떤 기능을 하는지 밝혀진 바 없다.

생식기의 맨 아래에는 항문이 있으며 6시 방향에 위치한다. 회음부는 질 입구와 항문 사이의 부분을 일컫는다. 이렇게 질 이외에도 여러 부위가 있다는 것을 알면 질 입구에만 집중되어 있는 마음을 분산할 수 있다. 신체의 성적 부분에 익숙해질수록 자신감이 생기고 편안함을 느끼게 된다.

내 몸을 이해하는 것은 부끄러운 일이 아니다. 반대로 이것은 질 근육 경련을 완화하는데 중요한 과정이다. 골반저근은 음모뼈에서 꼬리뼈까지 뻗어 있으며 골반강의 바닥을 8자 모양으로 형성한다. 소변, 오르가슴, 임신, 출산 등을 위한 조직이다. 하지만 이 근육은 과잉 반응하여 질 안에 어떤 것이 들어오는 것을 막기도 한다. 이 근육이 저절로 움직이는 것이 아니며 나에게 조절권이 있다는 것을 느끼고 경험하면 통증 없는 삽입 섹스를 즐길 수 있다. 이를 위해 앞서 설명했던 케겔운동을 권한다. 정확한 행동을 떠올리기 위해 이곳에서는 수축이완운동이라고 부르겠다.

1. 변기에 앉아서 다리를 평소보다 넓게 벌리고 소변을 본다.

2. 소변의 흐름을 멈추고 이때 움직이는 근육에 집중하자.

3. 이번에는 다시 편안히 이완하며 소변을 보기 시작한다.

4. 다시 멈추고, 이완하는 동작을 천천히 반복해본다. 눈을 감고 어느 근육이 움직이는지 상상해보자.

5. 다시 1~2초 동안 소변을 본 다음 다시 정지한다.

6. 배뇨가 끝날 때까지 수축이완운동을 계속한다.

근육을 의식적으로 수축하고 이완하는 것이 처음에는 생각처럼 되지 않을 수 있다. 어떤 여성은 소변을 딱 멈추는 것이 어렵다고 고민한다. 이것은 골반저근의 약해졌다는 표시다. 놀라지 말고 골반저근의 힘을 키우면 쉬워진다.

질 입구 안쪽의 질 부위는 길고 둥근 튜브 모양으로 되어 있다. 모든 면이 신축성이 있다. 안쪽을 따라 작은 땀샘에 의해 성적 각성이 일어나면 분비되는 얇은 점액으로 둘러싸인다. 이 점액은 섹스를 즐겁게 하고 일상생활에서 질을 촉촉하게 한다. 성관계 중 질 내부에서 생기는 즐거움은 보통 골반저근과 연결되어 있는 음핵과 신경선 같은 질 주변을 손이나 음경, 입 등으로 자극하는 압력에서 비롯된다. (모든 부위가 좋은 것은 아닐 수 있으며 나만의 좋은 부위가 존재한다.)

골반저근을 스스로 통제할 수 있다는 느낌! 이것이 중요한 지점이다. 반복된 운동을 통해 이 근육에 대한 조절력을 회복해본다. 변기에서의 훈련이 익숙해지면 누워서, 앉아서, 서서 등 다양한 자세에서 시도한다. 이때 가장 중요한 두 가지 포인트를 알아보자. 첫째, 정확한 근육 지점을 찾는 것이다. 둘째, 꾸준히 그 근육의 힘을 키우는 것이다. 이 운동에 자신감이 생기면, 다른 말로 수축 및 이완을 완전하게 습득했다고 확신이 든다면 골반저근의 훈련법을 여러 가지 조합해서 실천한다.

• 규칙적인 모션
골반저근을 3초 수축 → 3초 정지 → 3초 이완

• 빠른 모션

골반저근을 1초 강하게 수축 → 1초 이완(최대한 빨리 동작)

• 느린 모션
골반저근을 사용하여 음순을 천천히 꽉 쥐고, 골반 바닥이 가득 찰 때까지 최대한 멀리 당긴다. 그런 다음 천천히 풀어 골반저를 아래로 내린다.

규칙적인 모션을 매일 25회 이상 훈련한다. 많은 근육양을 사용하는 것보다는 단순하게 근육이 어디 있는지 인지하고 그것을 움직이는 데 더 집중해야 한다. '나에게 적절한 횟수'가 몇 번인지는 전적으로 나에게 달려 있다. 28일 동안 시도해볼 수 있는 나만의 루틴을 만들어보자. 예를 들면 다음과 같다.

나의 4주 미션
규칙적인 모션, 느린 모션, 빠른 모션을 다음과 같이 반복한다.

1주차: 하루 15개씩 3세트
2주차: 하루 20개씩 3세트
3주차: 하루 30개씩 3세트
4주차: 하루 40개씩 3세트

다음 연습은 손가락으로 질을 만나는 단계다. 2단계에서 골반 저근 운동을 통해 수축하고 이완하는 방법을 배웠다. 질 안에 부드럽게 손가락을 넣기 위해서는 질이 이완된 상태를 만들어야 한다. 대부분의 질은 평균 크기의 음경을 통증 없이 받을 수 있을 정도의 탄력을 가지고 있다. 그러나 긴장 반응이 작동하면 질 주변 근육은 그것을 인식하지 않고도 반사적으로 질 입구를 닫는다. 의도적으로 질 안에 손가락을 넣었을 때 질을 감싸고 있는 근육을 이완하도록 몸을 훈련할 수 있다. 몸이 그것을 받아들이기 시작하면 통증 없이 제어가 쉬워진다.

"2단계까지는 수월하게 했는데 손가락을 넣는다고 생각하니 다시 답답하고 두려움이 몰려왔어요. 극심한 긴장감에 '내가 굳이 이걸 해야 하나?'라는 생각이 들었죠. 하지만 용기를 내어 호흡과 함께 손끝을 아주 조금 집어넣었는데, 예전과 같은 통증은 느껴지지 않았어요. 그리고 제 경우에는 그 부근에서 느껴지는 수축 작용이 왼쪽 아래에서 일어난다는 구체적인 사실도 알았고요."

자, 그럼 구체적인 트레이닝을 시작해보자. 먼저 준비를 갖춘다. 향초와 음악으로 가꾼 따뜻한 분위기, 화장지, 코코넛오일, 그리고 깨끗한 손이 필요하다. 손가락에 윤활제를 바르는 것이 중요하다.

1. 골반저근 수축과 이완을 5번 반복한다. 이때 의식은 움직이는 질 입구에 집중한다. 수축된 모습과 이완된 모습을 상상한다. 이제 손가락이 통과할 수 있다고 나에게 부드럽게 말해준다.

2. 앉거나 누운 상태에서 한쪽 다리를 세운다. 질 입구를 찾고 손가락을 근처에 놓는다. 숨을 깊게 들이쉬고 내쉬는 호흡을 5회 정도 반복한다. 마지막 호흡으로 충분히 이완하면서 손을 살짝 집어넣는다.

3. 이때 경련이 발생하면 당황하지 말고 천천히 숨을 들이마시면서 수축, 내쉬면서 이완한다. 이완하면서 열리는 순간 손가락을 넣는다. 처음에는 실패할 수 있다. 누구나 시작부터 잘할 수는 없다. "괜찮아! 나는 네 몸의 한 부분인 손가락이야. 우리 편안하게 다시 만나자"라며 나를 다독여주자.

4. 손가락이 두 마디 정도 질에 들어간 후 잠시 멈춰준다. 질 근육을 수축하고 이완하기를 반복한다. 질 안을 느껴보자. 어떤 감각이 느껴지는가? 몸은 어떤 이야기를 할까? 몇 분 동안 몸의 감각에 익숙해지자. 더이상 고통이 느껴지지 않는 순간을 기다려본다. 그리고 나를 다시 토닥여준다. "잘했어."

5. 몸 안에 손가락을 넣고 질을 탐험해보자. 입안과 같은 느낌이 들 수 있다.

6. 이제 손가락을 조심스레 빼준다. 축하한다. 질 안에 무엇인가 들어갔을 때 스스로 그것을 허용하는 방법을 배웠다. 잘했다.

이번에는 또 다른 연습을 해보자.

1. 편안한 장소에서 12시 방향부터 외음부 주위를 느껴보라. 대음순과 소음순을 부드럽게 잡아당기는 것도 좋다.
2. 검지손가락으로 질 여행을 떠난다. 골반저근 운동을 5번 반복한다.
3. 긴장을 풀며 이완할 때 손끝을 넣어준다.
4. 손가락을 사용하여 2시와 10시 사이의 다른 곳에 초점을 맞춰보라. 골반저근을 수축하고 이완하면서 질 안의 변화를 느껴보라.
5. 12시 방향을 손가락으로 지그시 눌러보자. 3시, 6시, 9시를 반복한다. 이때 호흡은 깊게 들이마시고 내쉬어준다. 누르고 풀고를 각각 20초 정도씩 유지하며 느리게 반복하라.
6. 질 안이 느껴지는 부위의 질감의 다양함을 경험해보자. 두려움보다는 새로운 느낌에 집중해본다.

내 몸을 탐험하는 여행의 첫 단추를 끼웠다. 이때 중간중간 당연히 긴장감이 들 수 있다. 내 몸의 경보시스템은 한순간에 리셋되지 않기 때문이다. 내 몸은 내가 조절할 수 있다는 것을 다시 한번 상기하시고 다독여주자. 연습이 끝난 후에는 아래 질문에 답해보자.

• 생식기 부위를 자세히 본 후 나의 느낌은 어떠한가?

• 손이 내 몸으로 다가갔을 때 나는 어떤 감정을 느꼈는가? 그 감정을 구체적으로 표현해보자.

첫 시도에 성공하지 못했다고 포기하지 말자. 모두 처음은 그렇게 시작한다. 이미 내 몸이 긴장한다는 것을 느꼈으니 이제는 다른 반응을 만들어볼 계획을 세울 수 있다. 처음으로 손가락 넣는 연습을 한 후 내 몸과 마음의 변화를 글로 써보자. 또한 정말 잘해내고 있는 나에게 선물을 해보자. 꽃이나 커피, 책도 좋고 여행을 준비해도 좋다. 나와 나의 배우자를 사랑하지 않으면 이 연습을 계속할 수 없다. 이런 나의 마음을 스스로 알아주자.

4단계 부정적 반응 단계적으로 줄이기

자, 우선 삽입 준비다. 손가락 삽입 훈련에 대한 일반적인 오해는 "질 입구를 확대하기 위해 하는 훈련인가요?"다. 삽입에 실패하는 것은 질 입구 크기와 관련이 없으므로 확대를 시도할 필요는 없다. 실제로 질은 아기를 낳을 정도로 이완이 가능하다.

이제 두려운 생각을 모두 떠나보내보자. 손가락 훈련의 목적은 지금껏 가지고 있는 두려움의 기억을 새로운 근육 기억으로 만드는 것이다. 나를 느끼는 훈련을 계속하면 닫혀 있는 질이 열리고 손가락을 한 개, 두 개 받아들이기 시작한다. 음경보다 훨씬 작은 손가락으로 시작하여 점차 크기를 키워갈 것이다. 일단 손가락 넣는 것에 대한 부정적인 감정이 사라지고 나의 몸이 편안해지는 것이 느껴지면 머지않아 음경을 삽입하는 것도 편안하게 될 수 있다. 질 경련 증상이 없다 하더라도 일반적으로 이 과정을 거치는 많은 여성은 손가락을 넣을 생각에 두려움과 불안을 경험한다. 이러한 감정은 강력할 수 있으며 이 감정에 매달려 있으면 삽입이 어려워질 수 있다.

탈감작화(systemic desensitization)라는 것이 있다. 특정 공포 대상에 대한 직면 강도를 점차적으로 높여나가는 방법이다. 손가락으로 내 몸의 반응을 새롭게 설정하는 작업은 굉장히 아름다운 일이다. 외로움과 두려움에 떨고 있는 나의 몸에 다가가 이야기한다. "무섭지? 많이 두려웠지? 괜찮아. 괜찮아. 너무 힘들면 포기해도 돼. 억지로 밀어넣지 않을게. 나를 믿고 따라와줄래? 그렇게 우리 한 걸음씩 나아가보자."

눈꺼풀이 깜박거리는 것과 질 근육의 자연 반응을 비교하는 것이 도움이 된다. 눈꺼풀의 깜박임을 의식적으로 제어하는 것은 쉽다. 하지만 손이 눈을 찌르려고 한다면? 손에 대한 방어 작용으로 인해 자동으로 깜박거릴 것이다. 마찬가지로 손가락이 다가감으로서 두려움이 느껴지면 질 역시 강한 반응을 보인다. 이제 그 반응을 서서히 줄여보도록 하자. 마음이 편안해지면 질경련의 강도와 빈도가 줄어든다. 점차적으로 신체적 친밀감과 그 이후 새로운 감정 반응을 만들어간다.

1. 질에 삽입하는 손가락 등에 코코넛 오일을 꼭 바른다.
2. 전화나 텔레비전 등 산만할 수 있는 부분을 제한해준다.
3. 내 몸을 최대한 이완해준다. 호흡 명상을 1회 따라 한다. 목욕하는 것도 좋다.
4. 손가락으로 첫 삽입 운동을 시작한다. 이후 상하좌우로 편안함을 경험해준다.
5. 질의 긴장을 풀기 위해 삽입 전 수축이완운동을 반복한다.
6. 내 몸이 온전히 이완되었을 때 손가락을 넣고 내 몸을 느껴보자.
7. 생리 기간 중에는 이 훈련을 잠시 중단한다.

이번에는 삽입을 위한 신체 자세를 알아보자. 삽입 운동을 하면서 나에게 가장 편안한 자세를 찾는 것이 중요하다. 가장 일반적인 자세를 설명하겠다. 침대에 앉아서 생식기를 관찰하는 자세와 비슷하다. 다리를 벌리고 무릎을 살짝 구부려준다. 바닥에 쪼그려 앉는 것과 비슷한데, 이 자세는 질을 자연스럽게 여는 데 도움이 된다.

손가락 삽입을 충분히 했다면 진동기를 삽입해봐도 좋겠다. 바로 음경으로 넘어가지 말고 내 파트너의 음경과 비슷한 사이즈의 진동기를 넣어보는 작업을 하자. 시작하기 전에 다음을 확인한다.

우선 파트너의 사이즈를 정확히 측정하고 비슷한 크기의 장난감을 준비한다. 이제 그 장남감과 친해질 이름을 지어준다. 친근한 이름은 나의 두려움을 낮아지게 하는 좋은 방법이다. 예를 들어 깜찍이, 개구쟁이, 솜사탕 등이 있다. 창의력을 발휘해보자.

질 입구에 윤활액을 바른다. 천천히 심호흡하고 몸을 편안하게 해준다. 질 근육의 수축과 이완 3번 반복한다. 마지막 이완할 때 한 손을 대음순으로 가져간다.

내 몸과 대화해보자. 이제 새로운 친구를 소개해주겠다고 이야기한다. 그때 몸의 이야기를 들어본다. 몸이 "싫어. 무서워. 새로운 친구 만나기 싫어. 만지지 않으면 안돼?"라고 하면 "많이 두렵구나. 이런 무서움 겪게 해서 미안해. 나는 내가 사랑하는 남자가 힘들어하는 걸 더이상 볼 수가 없구나. 이제는 너의 도움이 절실하게 필요해. 우리 친구가 어떤지 한번 만나만 볼까? 손가락, 탐폰과도 잘 지내왔잖아. 안심해. 너무 싫다면 무리하지 않아도 돼"라고 답한다. 자신에게 친절하라.

깜찍이(진동기에 깜찍이라는 별명을 붙여보았다)를 음순과 질 입구 주변에서 놀게 한다. 매 순간 나의 몸의 목소리에 귀 기울여준다. 내 몸과 깜찍이가 만났을 때 내가 원하는 나의 반응을 상상해보라. 질 경련이 있는 경우 다시 호흡하며 몇 번의 수축과 이완 과정을 반복한다. 처음 시도할 때 삽입해야 한다는 부담을 느낄 필요는 없다. 하지만 이 순서에 맞게 용기 내는 순간을 잘 선택해준다.

이완하며 숨을 내쉬고는 질 안으로 1센티미터 들어간다. 그 감각에 익숙해지도록 그곳에 머물러준다. 이미 우리는 성공에 도착했다. 삽입의 가장 어려운 부분인 질입구를 통과하였다. 온전히 질안에 있는 깜찍이를 만끽해보라. 그리고 상상해보라. 조금더 자세히 느끼기 위해서 수축과 이완을 반복할수 있다.

점차적으로 경련이 진정되고 편안함이 향상된다. 이제 깜찍이를 조심스레 빼보자. 축하한다. 질 안에 무언가가 들어온다는 것이 안전하다는 사실을 몸으로 느낄 수 있었다! 이 경험이 중요하다. "아무 일도 일어나지 않는구나."

이제 시간을 늘려보자. 삽입 시간을 늘리면 새로운 감각에 대한 기억을 몸에 구축하고 몸과 마음이 계속 둔감하게 함으로써 불안함에 대한 질경련의 반응이 크게 줄어들게 된다. 삽입 시간을 늘리면서 질 근육이 5~10분 정도 동일한 자극에 다르게 반응하도록 훈련한다. 가장 최근에 성공한 깜찍이를 사용하여 10분 정도 함께 놀아본다. 깜찍이를 삽입한 후 TV를 시청하거나 책을 읽어도 좋다. 너무 오랜 시간 연습하지는 말고 나의 몸 상태에 맞추어서 연습한다. 여기에서의 핵심은, 존재할 수 있는 두려움이나 불안을 편안함으로 교체하는 작업이다.

축하한다. 깜찍이를 성공적으로 삽입했으므로 음경으로 전환할 준비가 되었다. 우리는 여기까지도 쉬운 여정이 아니었다는 것을 알고 있다. 여기까지 온 것만으로도 엄청난 성과다. 질 근육을 의식적으로 조절하는 친숙한 방법을 사용하면 깜찍이 삽입처럼 파트너의 성기를 삽입할 수 있다.

삽입 운동을 시작하기 전에 질이 음경에 익숙해지는 데 시간이 필요하다. 음경을 가지고 외음부와 인사해준다. 음핵, 음순, 소음순, 요도…. 여러 부위와 편안하게 만나보라. 가능하면 음경 발기 전, 발기 후, 두 가지 감각을 모두 경험해보라.

이제 파트너의 완전히 발기된 성기를 질 안으로 초대하자. 이 부분에서는 파트너와의 호흡이 중요하다. 첫 번째 연습에서 파트너가 무리하게 삽입하고자 하는 충동을 조절해야 한다. 그렇게 하지 않으면 혼란을 초래할 수 있으며 그 결과 두 사람 모두 실망으로 이어질 수 있다.

"깜찍이로 연습하다가 음경을 보니 긴장되고 말았어요. 다시 질 주변의 경직감이 몰려왔죠. 하지만 이때 남편이 나를 편안히 안아주면서 안 해도 된다고, 괜찮다고 등을 토닥였어요. 눈물이 왈칵 쏟아지면서 다시 용기를 낼 수 있었어요. 깜찍이도 잘했는데 뭘… 이렇게 생각하며 남편 음경에 오일을 바르고 질 입구로 다가갔어요. 수축 이완을 반복하면서 깜찍이 넣는 것을 상상하면서 그 패턴대로 음경 귀두 부분을 살짝 넣었습니다. 순간 긴장되고 살짝 뻐근함이 느껴졌지만 그 입구를 지나니 편안함을 느낄 수 있었어요."

의외로 입구를 지나면 많은 분이 말캉말캉하고 편안해지는 기분을 느낀다고 한다. 음경 삽입 단계를 더 살펴보자. 먼저 편안한 장소를 준비해서 공간을 따뜻하게 해준다. 추운 공간을 긴장을 일으킨다. 내가 옷을 입는 것이 편한지 벗는 것이 편안지 떠올려본다. 오로지 나의 편안함에 맞춰준다. 통목욕이 가능하다면 함께 욕조에서 서로의 몸을 이완해준다. 서로 몸에 오일을 바르며 전신을 이완시켜준다. 음경 삽입에 대한 부담감에 초점을 맞추지 말고 지금은 서로 몸의 유희에 집중해보라. 조명은 살짝 어둡게 해준다. 깜찍이와 질 입구에 윤활유를 바른다.

깜찍이를 넣는다. 그 상태에서 파트너는 눕고 나는 그 위로 올라간다. 상대의 음경은 앞쪽에서 보여야 하며 상대방의 얼굴을 볼 수 있어야 한다. 파트너의 성기를 똑바로 세우지만 오르가슴에 가깝지 않을 때까지 손으로 자극해준다. 그 이후 깜찍이를 빼고 음경이 질 입구에 위치하도록 움직인다. 호흡과 함께 수축 이완을 한 후 나의 질과 귀두가 만난다. 그 입구의 감각을 느껴보라. 1센티미

246

터 정도 넣어보라. 질 안의 내부 감각에 초점을 맞춘다.

깜찍이와는 다르게 음경은 살아 있는 몸이다. 내 몸과 음경 둘 사이에 어떤 이야기가 오갈지 상상해보라. 음경이 질에게 이렇게 말할지도 모른다. "안녕! 너무나 반가워! 이렇게 너와 만나고 싶었는데 그동안 많이 무서웠지? 잘 극복하고 나를 만나러 와줘서 정말로 고마워. 너를 느끼고 싶고 사랑하고 싶었어."

이제 몇 번의 수축 이완을 반복하면서 질 근육이 완전히 이완하는 데 집중하라. 파트너의 음경을 조금씩 더 삽입해보자. 이때 호흡하는 것을 잊지 말라. 이것은 엄청난 단계이며 매우 두려울 수 있다는 사실을 받아들인다. 갑작스러운 고통이나 경련은 지금까지의 노력이 물거품이 된 것만 같은 좌절감을 가져올 수 있다. "괜찮아. 그럴 수 있어"라며 그 순간의 감정을 지지해준다. 두려워하거나 화를 내지 말자. 그 순간 잠시 멈춰도 된다. 항상 중요한 시점에 경련이 나타나는 질 입구. 귀두를 성공적으로 삽입하려면 몇 가지 단계로 나누어 진행해도 좋다. 음경을 빼고 호흡을 하면서 잠시 쉬자.

다음의 과정을 통해 점차 음경 전체를 삽입해보겠다. 음경을 삽입하여 다시 시작하라. 첫 삽입 시 성공으로 시작하면 자신감이 생기고 질 경련을 의식적으로 제어할 수 있으며 친숙한 감각을 만드는 데 도움이 된다. "안녕, 질! 우리 즐기러 가자! 사랑하는 남자의 소중한 부분을 만나러가는 거야. 그는 나를 공격하는 게 아니라 사랑한단다."

발기된 음경은 그 자체로 윤활력이 없다. 음경 귀두로 음순이나 음핵과 인사를 나눠준다. 이때 중요한 부분은 부드럽게 천천히 움직이는 것이다. 이 과정은 삽입 중 가장 중요한 부분이다. 이완을 이제 함께 만들어나간다. 내가 흥분감을 느끼는지 경험해보라. 아직 긴장감이 남아 있다면 파트너에게 다른 성감대(귀, 가슴, 음핵)를 만져달라고 말한다. 질 입구의 수축 이완을 반복해보라. 질 근육이 풀리면서 천천히 흥분감과 이완이 느껴진다.

한 번에 깊이 삽입하려 하지 말자. 음경 전체를 오등분하여 오늘은 귀두까지만, 다음날은 1센티미터 더, 이렇게 나눠서 진행하라. 삽입 초기에는 움직임 없이 가만히 머무르면서 음경이 닿아 있는 질 안의 감각에 집중해보라. 이것은 나의 몸과 마음이 삽입이라는 새로운 감각에 적응하는 데 도움이 된다. 깊은 호흡으로 근육의 긴장을 풀어준다.

처음으로 깊은 삽입이 성공한 후에는 움직임을 주지 말고 수축 이완을 반복한다. 때때로 다시 긴장과 경련이 올 수도 있다. 내가 만들어놓은 오랜 시간의 반응이 다시 나왔을 뿐 실패는 아니다. 경련을 조절할 때까지 의식적으로 수축 이완과 호흡을 조절하라. 완전히 삽입할 수 있게 되면 피스톤 운동으로 전환할 준비가 된 것이다. 그러나 여전히 경련이 일어난다면 음경과 친해지는 여러 가지 방법을 알아보자.

- 오일의 양이 충분한지 확인해보라. 이 단계에서 흥분해서 애액이 나오기는 쉽지 않다. 아픈 경험을 하지 않도록 오일을 계속 추가해준다.
- 삽입 시 콘돔을 사용하면 감각을 충분히 느끼기 어려울 수 있다. 가능하면 모양과 질감이 나에게 맞는 콘돔을 찾기 위해 다양한 브랜드의 콘돔을 만나보라.
- 성적으로 자극을 받는다면 몸이 훨씬 더 이완하기 쉽다. 이 과정은 자연적으로 질을 윤활하고 완화하는 데 도움이 된다.

질 경련이 계속 일어난다면 나의 연습 과정을 점검해볼 필요가 있다. 규칙적인 연습을 하고 있는지 말이다. "남편 음경을 삽입해보려고 시도하는데 질 근육이 또다시 긴장하기 시작했어요. 최근 바빠서 두 달 만에 시도했거든요. 예전에는 열심히 했는데 어떤 문제가 있는 걸까요?" 이런 상황이 오게 된다.

또한 음경 삽입을 시도하는 과정에서 둘의 관계는 어떤지 확인해본다. 몸의 대화를 시도할때는 마음의 사이가 중요하다. 육아 문제나 시댁 문제 등으로 서로 갈등이 있는 상황이라면 이런 연습은 다음으로 연기하는 것이 좋다. 몸과 마음이 편안한 시간에 진행하자.

음경 삽입 성공에 두려움을 발생하는 감정적인 요인이 있는지도 떠올려본다. 혹시 임신하고 엄마가 되는 것이 두려운가? 임신 과정에서 산부인과에 가고 검사하는 것이 두려운가? 이 과정에 성공한 후 관계를 계속해야 한다는 두려움이 있는가? 이런 연습을 하는 자신의 모습이 비정상적으로 느껴지는가? 스스로 떠올려보자.

6단계 육체적 친밀감

드디어 마지막 단계에 왔다. 여기까지 오느라 정말 너무 고생했다. 마지막 단계는 고통의 감각을 없애는 것보다는 즐거움을 느끼는 과정으로 파트너와의 움직임을 점차 늘려볼 것이다. 이 모든 과정의 궁극적인 목표는 편안함뿐만 아니라 친밀감 증대와 유희를 늘리는 것이다. 최고의 오르가슴을 함께 경험해볼까?

심리학에서 탈감작화는 반복적인 노출 과정에서 부정적, 혐오적인 자극에 대한 정서적 반응을 감소시키는 과정이다. 이제부터는 여기에 좋은 느낌, 즐기는 감각으로 변화시켜보겠다. 우리는 물에 빠졌을 때 안전하기 위해 수영을 배운다. 실제로 수영을 시작하려면 물에 뜨는 과정을 밟아야 다음 기술을 익힐 수 있다. 이제 우리는 물에 뜨는 과정까지 왔다. 수영을 하거나 자전거를 탈 때 구체적 움직임을 생각하는 경우는 없다. 단지 물속에서, 자전거 위에서 몸으로 즐기는 시간을 보내게 된다. 우리의 목표는 시간이 지남에 따라 더이상 삽입에 긴장할 필요가 없어지고 몸과 몸이 즐거워지며 재미있는 부분에 초점을 맞추는 것이다. 마지막 단계는 다음과 같다.

우선, 육체적 친밀감이 없이 몇 년을 지내왔다면 성욕이 나에게 있었나 반문할 수 있다. 하지만 몸과 몸이 만나는 과정을 통해 욕구는 만들어질 수 있다. 욕구를 만드는 방법에 대해 알아보도록 하겠다. 파트너와 이 방법을 함께 배우면 좋다. 편안하고 개인적인 장소를 준비한다. 조명을 편안하게 아로마로 분위기를 만들며 알파파의 음악을 준비한다. 실내 온도가 따뜻한지 확인한다. 샤워를 함께 하며 샤워젤로 서로의 몸을 어루만진다. 눈을 바라보기, 살며시 안기, 뽀뽀하기 등을 한다. 이 과정 또한 섹스다. 섹스가 질 삽입이라는 관념을 지워준다. 마사지로 서로의 몸을 충분히 이완한다. 마사지에 방법이 정해져 있지는 않지만, 근육을 푸는 경락 마사지가 아닌 성감을 깨우는 성감 터치 마사지로 전신을 깨워준다.

여성위로 삽입할 때는 충분히 흥분되었는지 서로를 느껴보라. 그 후 질과 귀두가 만나고 서서히 들어간다. 이때 남성은 가슴과 음핵 등의 터치를 계속하는 것이 중요하다. 갑작스러운 경련을 느낀다면 천천히 수축 이완과 심호흡을 한다. 여기에 초점은 경련에 빠지지 않고 움직이는 법을 배우는 것이다. "이 과정이 즐거울 수 있다는 것을 처음 알았어요. 깜찍이로 질 안의 이곳저곳을 탐색하면서 저는 10시 방향에서 짜릿한 느낌을 받는다는 것을 알게 되었죠. 남편의 음경을 삽입한 후 그곳을 자극하기 위해 각도에 초점을 맞추었더니 같은 감각을 느낄 수 있게 되었어요. 좋은 느낌에 집중하다 보니 내가 질경련을 겪었다는 사실 자체를 잊게 되었답니다."

충분히 여성위가 익숙해지면 체위를 바꿔본다. 하지만 무섭다면 굳이 나에게 강요하지 말라. 파트너가 빠르게 움직이려 한다면 엉덩이로 빠르기를 조절해보라. 호흡을 계속 이어가면서 수축 이완으로 긴장을 풀어준다. 적응하는 데 시간이 걸릴 수 있다. 조급함은 내려놓자. 둘만의 움직임을 만들어보라. 피스톤 운동, 앞뒤로 문지르기 등 다양한 몸의 즐거움을 경험해본다. 며칠 동안 연습하다 보면 "감 잡았어!"라고 느낄 수 있을 것이다. 부드러운 움직임을 돕기 위해 오일을 추가해도 좋다. 질 근육의 경련은 시간이 지남에 따라 감소한다. 경련과 관련된 불편함이 사라지면서 점차 더 빠른 움직임을 허용한다.

질 경련으로 고민하던 한 여성은 훈련을 마친 뒤 이런 소감을 남겼다. "질 경련과 그에 대한 압박감으로 남편과의 관계가 너무 힘들었어요. 그렇지만 남편이 단계마다 나를 지지해주고 응원해주었던 경험이 다시 시작할 수 있는 힘이 되었죠. 결혼 후 3년 동안 어떻게 해야 할지 몰랐던 것이 아쉽네요." 또 다른 여성은 임신을 위해 질 경련을 개선하고 싶어했다. 그런데 훈련을 하며 삽입에 성공하게 되었음은 물론이고 남편이 자신의 잦은 섹스 거부를 힘들어했다는 것을 알게 되었다. 이제는 삽입은 물론, 손으로, 입으로, 다양하게 서로의 욕구를 함께한다며 "제가 먼저 남편에게 하자는 말도 하면서 연애 때처럼 살고 있어요"라고 했다. 수많은 여성이 질 경련으로 고민하고 있다. 하지만 질 경련은 영원한 문제가 아니며 얼마든지 좋아질 수 있다. 당신의 용기를 응원한다.